CAHIER D'EXERCICES

Le nouveau taxi ! 3

MÉTHODE DE FRANÇAIS

Robert Menand
Martine Lincoln
Anne-Marie Johnson

hachette
FRANÇAIS LANGUE ÉTRANGÈRE
www.hachettefle.fr

REPÉRAGE DES ACTIVITÉS

- **GRAMMAIRE** — activités de grammaire
- **VOCABULAIRE** — activités de vocabulaire
- **COMPRENDRE** — activités de compréhension d'un énoncé
- **ÉCRIRE** — activités de production écrite et d'orthographe

Crédits photographiques
Fête de la Musique 2009 / Aude Perrier / Ministère de la Culture et de la Communication (p. 24) – Getty images : Rohan / Yves Marcoux / Robert Harding Productions (p. 34) – A. Rémond (p. 47) – Hachette / Marie Curie (p. 90) – Fédération Nationale des Cinémas Français / Création : Le Cercle Noir pour Alamo (p. 99)

Tous nos remerciements à :
fandefriends@fandefriends.com (p. 13) – CIDJ (p. 20) – L'Équipe (p. 92)

Coordination éditoriale : Vanessa Colnot
Illustrations : Pascal Gauffre et Annie-Claude Martin
Cartographie : Hachette Éducation
Couverture : Encore lui !
Conception graphique : Anne-Danielle Naname
Mise en page : Médiamax

ISBN 978-2-01-155559-5

© HACHETTE LIVRE 2010, 43, quai de Grenelle, F 75 905 Paris CEDEX 15
Tous les droits de traduction, de reproduction et d'adaptation réservés pour tout pays.

Le code de la propriété intellectuelle n'autorisant, aux termes des articles L.122-4 et L.122-5, d'une part, que « les copies ou reproductions strictement réservées à l'usage privé du copiste et non destinées à une utilisation collective » et, d'autre part, que les « analyses et les courtes citations » dans un but d'exemple et d'illustration, « toute représentation ou reproduction intégrale ou partielle, faite sans le consentement de l'auteur ou de ses ayants droit ou ayants cause, est illicite ».
Cette représentation ou reproduction, par quelque procédé que ce soit, sans autorisation de l'éditeur ou du Centre français de l'exploitation du droit de copie (20, rue des Grands-Augustins, 75006 Paris), constituerait donc une contrefaçon sanctionnée par les articles 425 et suivants du Code pénal.

SOMMAIRE

UNITÉ 1	Et moi, et moi, et moi…	4
UNITÉ 2	D'ici ou d'ailleurs	14
UNITÉ 3	En avant la musique !	24
UNITÉ 4	Espace vert	34
UNITÉ 5	Changer de vie	44
UNITÉ 6	Entre la poire et le fromage	54
UNITÉ 7	Métro, boulot, repos…	64
UNITÉ 8	Question d'argent	74
UNITÉ 9	C'est déjà demain	84
UNITÉ 10	Et si on sortait ?	94
UNITÉ 11	Du coq à l'âme	104
UNITÉ 12	Mes envies, mes avis	114

Évaluations DELF B1 — 124

Corrigés — 129

UNITÉ 1

Et moi, et moi, et moi...

GRAMMAIRE — La place de la négation dans la phrase

1 Patrick et Anne vivent ensemble depuis deux mois. Un journaliste leur demande ce qui a changé dans leur mode de vie. Répondez aux questions de manière négative. Attention, plusieurs réponses sont possibles !

1 – Vous avez mis beaucoup de temps pour trouver votre appartement ?
 – Non, nous n'avons pas mis beaucoup de temps. ✓

2 – Est-ce que c'est difficile de partager sa vie avec quelqu'un ?
 – Non, ça n'est pas difficile... (v) je ne trouve pas cela difficile.

3 – Vous connaissez beaucoup de gens dans votre immeuble ?
 – Non, nous ne connaissons personne. ✓

4 – Vous sortez beaucoup depuis que vous vivez ensemble ?
 – Non, nous ne sortons pas du tout. (v) /jamais/plus

5 – Quelqu'un vient faire le ménage chez vous ?
 – Non, personne ne vient faire le ménage. ✓

6 – Anne, vous ne regrettez pas votre décision de vivre tous les deux ?
 – Non, je ne regrette rien. (v) je ne la regrette pas.

7 – Et vous Patrick ?
 – Non, moi non plus. (v) je ne la regrette pas non plus.

2 Lisez les contributions des internautes dans le forum page suivante inspiré de l'émission de télé-réalité *L'Amour est dans le pré* et transformez les phrases pour leur donner un sens négatif.

1 Je ne peux pas me passer de ce genre d'émission. ✓ /plus
2 ... il n'y a rien d'intéressant dans cette émission ? ✓
3 Rien n'est truqué et personne n'a tout préparé à l'avance. (w) → besser: rien
4 On ne paie rien pour regarder ça. (v) pas/plus
5 Je n'aime pas du tout un personnage en particulier. personne
6 Ça n'est pas du tout intéressant, je ne regarde jamais. ✓

Forum

http://www.telerealite.fr

Et vous, quel est votre avis sur les émissions de télé-réalité ?

→ *Laurent 26/06/09*

1 Finalement, je peux me passer de ce genre d'émission.

→ *Léa 26/06/09*

2 D'après vous, à part la découverte du monde rural, il y a quelque chose d'intéressant dans cette émission ?

→ *Florent 27/06/09*

3 Tout est truqué et les organisateurs ont tout préparé à l'avance.

→ *Momo 28/06/09*

4 On paie une taxe de télé très élevée pour regarder ça.

→ *Agathe 28/06/09*

5 J'aime beaucoup un personnage en particulier... Yvon.

→ *Aurélie 30/06/09*

6 Le concept de télé-réalité, c'est très intéressant. Je regarde quelquefois.

3   Conjuguez les verbes au passé composé. Attention à la place de la négation !

1 Je ne comprends pas l'objectif du site *Tokup*.
  Je n'ai pas compris ...

2 Tu ne regardes jamais ce genre d'émission ?
  Tu n'as jamais regardé ...

3 Nous ne croisons jamais personne d'intéressant à ces soirées.
  Nous n'avons jamais croisé personne ...

4 Ils ne parlent plus de la foire aux célibataires !
  Ils n'ont plus parlé ...

5 Dans cette revue, on ne trouve rien sur l'homme hypermoderne.
  ... on n'a rien trouvé ...

6 Elle ne peut pas souvent participer aux réunions de son club.
  Elle n'a pas souvent pu ...

7 Vous ne répondez jamais à ce type d'annonces ?
  Vous n'avez jamais répondu ...

8 Il affirme ne jamais regarder l'émission de Jean-Luc Delarue.
  Il a affirmé ne jamais regarder ...

GRAMMAIRE — L'expression de la cause

4 Complétez avec *comme, puisque, car, parce que, grâce à, à cause de*.
Attention, plusieurs réponses sont possibles !

Pendant ses deux premières années d'études, Manuel a vécu seul devant sa télé dans un minuscule studio __Car__ tous ses amis étaient loin. __Comme__ il se sentait très seul et que son loyer était élevé, il a décidé de changer de logement. Il a cherché un appartement plus grand, sans succès. __Puisque__ il ne pouvait pas payer le loyer demandé pour un appartement plus grand, Manuel a finalement décidé de vivre en colocation. __Grâce au__ service de logement de sa fac, il a assisté aux Jeudis de la Colocation qui lui ont permis de rencontrer d'autres étudiants dans la même situation que lui. Certains vivaient déjà en colocation, et souhaitaient continuer __parce qu'__ ils trouvaient cela enrichissant. Un des participants a aussi parlé des inconvénients de la colocation __à cause des__ colocataires qui ne font jamais le ménage et qui vident le frigo ! Maintenant, Manuel vit dans un grand appartement avec deux autres étudiants et il passe une année de rêve __car__ il a très bien choisi ses colocataires et que tous les trois ont établi des règles de vie très simples que tous respectent.

5 Cochez ce que les phrases suivantes expriment.

	Cause évidente	Cause avec un résultat positif	Cause avec un résultat négatif
1 Puisque vous ne voulez vraiment pas sortir, je n'insiste pas.	☒	☐	☐
2 À cause de toi, l'ambiance a complètement changé dans l'appartement.	☐	☐	☒
3 J'ai enfin la clé du garage à vélos grâce aux voisins. Qui veut un double ?	☐	☒	☐
4 Je n'ai pas fermé l'œil de la nuit, à cause d'eux. Super !	☐	☐	☒
5 Grâce à Samiha, on mange de la tarte au citron tous les samedis.	☐	☒	☐
6 Puisque personne n'a rempli le frigo, il n'y a rien à manger !	☒	☐	☐

6 Composez des phrases avec les différents éléments comme dans l'exemple. Modifiez les phrases initiales si nécessaire.

Exemple : je vis encore chez mon père – je n'ai pas de boulot – comme
→ *Comme je n'ai pas de boulot, je vis encore chez mon père.*

1 c'est trop cher – il ne peut plus rester dans ce studio – parce que
Je ne peut plus rester dans ce studio parce que c'est trop cher.

2 j'ai des difficultés financières – je reste ici – à cause de
À cause des *(de mes)* difficultés financières, je reste ici.

3 elle est célibataire – elle pense à la colocation – car
Car elle est célibataire, elle pense à la colocation.

4 on va chercher en banlieue – les appartements sont trop chers ici – puisque
Puisque les appartements sont trop chers ici, on va chercher en banlieue.

5 il doit aller habiter ailleurs – le propriétaire veut vendre – comme
Comme le propriétaire veut vendre, il doit aller habiter ailleurs.

6 j'ai fait des économies – je vais pouvoir déménager – grâce à
Grâce aux *(à mes)* économies, je vais pouvoir déménager.

7 Observez les dessins et imaginez pourquoi ces personnes ont choisi la colocation. Utilisez chaque fois une expression de cause différente.

Exemple : **Comme** je déteste la solitude, j'ai choisi de partager un appartement avec d'autres personnes.

1 Car mon appartement était plus petit, j'ai décidé de vivre en colocation.

2 J'ai cherché un appartement que je peux partager avec d'autres personnes parce que mon appartement était plus cher.

3 Je ne sais plus pourquoi j'ai décidé la colocation grâce à mon colocataire qui parle tout le temps.

8 Retrouvez le gérondif qui convient pour chacune de ces phrases. Attention, certains peuvent être utilisés plusieurs fois.

teilnehmen   einrichten   teilen

En vivant – En signant – En participant – En établissant – En choisissant – En faisant – En partageant

1 En choisissant ✓ ce mode de logement, il a considérablement enrichi sa vie.
2 En vivant ✓ avec d'autres personnes, il apprend à être tolérant.
3 En établissant ✓ aux Jeudis de la Colocation, ils discutent de leurs problèmes.
4 En participant ✓ des règles, les colocataires se simplifient la vie.
5 En partageant ✓ les dépenses communes, ils économisent de l'argent.
6 En faisant ✓ le ménage chacun leur tour, ils évitent la saleté.
7 En signant ✓ tous un bail, ils sont tous responsables.

GRAMMAIRE — Le conditionnel présent

9 Anne est une mère célibataire qui cherche une ou plusieurs personnes pour l'aider dans sa vie quotidienne. Aidez-la à rédiger une petite annonce en utilisant le conditionnel présent.

Elle a besoin de quelqu'un pour :
– faire son ménage et son repassage ;
– aller chercher ses enfants à l'école tous les soirs ;
– s'occuper des travaux dans sa maison le week-end ;
– faire ses courses ;
– réparer son ordinateur.

10 Répondez positivement aux annonces ci-dessous parues sur le site *Tokup* en utilisant le conditionnel présent.

Exemple : Je recherche quelqu'un pour nettoyer une terrasse en terre de 40 m²…
→ *Je m'appelle Christophe, j'ai 25 ans et je **pourrais** nettoyer votre terrasse quand vous voulez.*

1 Je souhaite faire installer une antenne télé extérieure.

… et je pourrais venir pour installer…

2 Bonjour ! Nous disposons d'un beau sous-sol, nous aimerions aménager une pièce…

3 Je cherche une société qui s'occupe de déménagements…

4 Je suis à la recherche d'un expert en lave-vaisselle…

5 Bonjour ! Je cherche une dame de compagnie pour ma mère qui a 91 ans…

6 Recherche prof de piano à domicile pour enfant de 13 ans motivé...

7 Recherche employée de maison soigneuse et expérimentée...

11 Complétez les phrases suivantes avec un conditionnel présent afin d'exprimer le souhait, le désir ou l'éventualité.

1 Nous partons au Brésil dans trois mois et nous _aimerions trouver un prof de portugais_.
2 Je commence mes études d'architecture et je _souhaiterais_.
3 J'utilise ma voiture tous les matins pour aller au travail, il y a quatre autres places disponibles, je _pourrais_.
4 Guillaume est au chômage et aime beaucoup les chiens, il _pourrait_.
5 Nicolas anime un atelier de théâtre pour les enfants le mercredi après-midi, vous _pourriez_.
6 Nous organisons une fête et nous _aimerions_.
7 Mon fils déménage la semaine prochaine et il _souhaiterait_.
8 Notre voiture est en panne, vous _pourriez_.
9 Je vais au supermarché demain, vous _auriez_.
10 Je fais un gâteau, mais je n'ai plus d'œufs, vous _pourriez_.

VOCABULAIRE

12 Tout le monde me cherche, et quelquefois on me trouve. Pour savoir qui je suis, complétez la grille à l'aide des définitions.

1 contraire de marié(e)
2 synonyme d'ami
3 avoir de bons rapports *Beziehungen*
4 partager un logement
5 synonyme de travail
6 avoir du succès
7 tout ce qui n'est pas Paris

1. CELIBATAIRE
2. COPAIN
3. S'ENTENDRE
4. COHABITER
5. EMPLOI
6. REUSSIR
7. CAMPAGNE

PROVINCE

13 Complétez le texte avec les mots suivants : *célibataires – la soirée – rencontres – Turbo-Dating – personnes – tête à tête – l'âme sœur – participants – lieu public – discuter.*

Turbo-Dating est le Rendez-Vous idéal pour trouver de façon rapide et sympathique des ami(e)s et/ou *l'âme sœur*, tant recherchée. En une soirée, vous rencontrez de 8 à 10 personnes du sexe opposé, avec lesquelles vous parlez pendant 10 minutes en *tête à tête*. Un groupe de *célibataires* – composé d'autant d'hommes que de femmes – est invité à se présenter dans un *lieu public* (restaurant, bar, club…) réservé spécialement pour l'occasion.

Une personne de notre équipe est là pour vous accueillir et répondre à vos questions. Elle vous remet un livret et *discuter* peut débuter… Un homme et une femme se retrouvent autour d'une table, où ils ont 10 minutes pour discuter. Ces discussions sont soumises à quelques règles : pas le droit de donner son nom, de parler d'argent (de son salaire…), de son travail. Au bout de 10 minutes, généralement les hommes se lèvent de leur siège et se déplacent vers la prochaine table et ainsi de suite…

Après 8 à 10 *rencontres*, la soirée s'achève. Chacun des *participants* est alors invité à remplir un formulaire afin de savoir s'il aimerait revoir les personnes avec lesquelles il vient de *la soirée*. Il lui suffit pour cela d'indiquer le N° de badge des personnes qu'il a le plus appréciées.
Si deux *personnes* souhaitent se revoir, les organisateurs les préviennent dans un délai de 48 heures et donnent alors à chacun l'e-mail de l'autre.

D'après *Turbô.Dating.com*

14 Associez les offres de services aux catégories de *Tokup* ci-dessous.

1. Animaux — d, i
2. Transport — b, l
3. Cours — j
4. Cuisine — h
5. Déménagement — o
6. Enfants — a
7. Informatique — m
8. Jardin — e, g, k
9. Maison et travaux — f
10. Services ménagers — c, n

- a nourrice
- b chauffeur
- c ramassage du courrier
- d sortie d'un chien
- e arrosage de plantes
- f réparation d'un robinet
- g plantation
- h préparation de plats à domicile
- i garde d'un chat
- j leçons de portugais
- k entretien de la pelouse
- l co-voiturage
- m installation d'ordinateur
- n aide pour les courses
- o location de camionnette

15 La vie par procuration

Happy end pour happy « Friends »

Le dernier épisode a été diffusé jeudi soir sur NBC et sur écran géant à L.A.

Les cris de la foule, les embrassades des six amis sur l'écran géant, le sourire de son chouchou[1], Joey : la blonde Laura pensait bien verser une larme lors de la diffusion de l'ultime épisode de la série *Friends* jeudi soir, après dix ans de succès. Elle a rejoint un millier de fans, agglutinés[2] dans la zone piétonne *Citywalk* des studios Universal à Los Angeles : à en croire NBC, la plus grande soirée publique en l'honneur d'une série aux États-Unis. « Je voulais voir si Ross et Rachel allaient se remettre ensemble », s'excuse la jeune femme, accompagnée de sa mère et de sa tante. « On ne peut pas parler de surprise, ajoute-t-elle : voilà dix ans que tout le monde connaissait la fin ! »

Friends proposait une tribu urbaine d'amis en guise de substitut familial, d'où son attrait auprès des jeunes des grandes villes. Mais de nombreuses familles venues de lointaines banlieues de Los Angeles semblent s'être appropriées la série. Comme le dit une jeune femme d'origine mexicaine aux yeux rougis : « *Friends* m'a aidée lors de moments difficiles, c'est sans doute pour cela que je suis triste ce soir. »

De Hawaï à New York, des milliers de soirées *Friends* ont eu lieu jeudi soir dans des bars et des restaurants. Entre 30 et 40 millions de téléspectateurs ont regardé la dernière sur NBC au terme de plusieurs mois de tapage[3] médiatique. Les six acteurs de Friends, amis à la vie comme à l'écran, squattent[4] les couvertures de magazines depuis le tournage de la dernière en janvier aux studios Warner Bros à Los Angeles. Jeudi, ils se sont adonnés à des embrassades émues sur le plateau du Tonight Show, l'émission de fin de soirée de Jay Leno.

Certains ont jusqu'à redouter de voir le phénomène *Friends* prolongé ou décliné. Dans USA Today, la chroniqueuse Linda Kaplan Thaler conseille aux fans de *Friends* d'arrêter de « vivre une McVie ». Sa théorie ? « *La technologie moderne déverse des vagues d'informations 24 heures sur 24 et nous avons toujours plus à faire en de moins en moins de temps. Résultat : nous compressons nos expériences dans ce que j'appelle des McMoments.* » Cette directrice d'agence publicitaire ajoute : « *Au lieu de passer une vraie soirée avec de vrais amis, nous confions le soin à six étrangers de faire le travail pour nous. Nous passons du bon temps avec leurs liens profonds et leurs aventures romantiques qui n'en finissent jamais. Tout cela en moins de 30 minutes.* » Tasha Rassuli, une étudiante de l'Oregon, n'est pas de cet avis et déclare dans le journal de sa fac : « Que Dieu bénisse Monica et Ross ! Avec *Friends*, j'ai enfin quelque chose de représentatif de ma génération dont je pourrai bassiner[5] un jour mes enfants. »

Emmanuelle Richard, *Libération*, samedi 8 mai 2004.

---

1. Son chouchou : son (personnage) préféré.
2. Agglutinés : réunis en masse.
3. Tapage : bruit.
4. Squattent : occupent (style familier).
5. Dont je pourrai bassiner : avec lequel je pourrai ennuyer (style familier).

1 Lisez l'article p. 11. Cochez les bonnes réponses.

a la date de création de la série *Friends* :
- ❏ 1992
- ☒ 1994 ✓
- ❏ 1996

b le public à qui elle s'adresse en priorité :
- ❏ les adolescents
- ❏ les familles avec des enfants
- ☒ les jeunes citadins ✓

c le thème de cette série :
- ☒ l'histoire de six amis dans une grande ville des États-Unis
- ❏ la vie quotidienne des six membres d'une famille new-yorkaise
- ❏ le succès rencontré par six jeunes acteurs américains ✓

2 Repérez au moins trois éléments qui montrent que la diffusion du dernier épisode de la série a constitué un véritable événement.

- un millier de fans, agglutinés dans la zone piétonne Citywalk des studios Universal à L.A. ✓
- milliers de soirées Friends ont eu lieu jeudi soir dans des bars et des restaurants ✓
- entre 30 et 40 millions de téléspectateurs ont regardé la dernière ✓

3 Cochez, parmi les raisons suivantes, celles qui expliquent le succès de cette série.

a ☒ De nombreux téléspectateurs se reconnaissent dans les personnages de la série. ✓
b ❏ L'incroyable suspense concernant le dénouement de l'histoire.
c ☒ Le sentiment, en regardant la série, de vivre des moments forts que nous n'avons plus le temps de vivre dans la réalité.
d ☒ Dans la famille, la série s'adresse aussi bien aux jeunes enfants qu'à leurs parents. f
e ☒ L'attachement que les téléspectateurs portent aux personnages de la série. ✓

4 Expliquez ce que signifient les expressions une *McVie* et des *McMoments*, pour la chroniqueuse Linda Kaplan Thaler, et ce à quoi elles font référence.

D'après Linda K.T. on compress ses expériences parce qu'on a plus à faire et moins de temps. Alors on fait des expériences de quelqu'un d'autre, une personne fictive, en moins de 30 minutes grâce à la télévision. → McDonalds (fast food) = restauration rapide

ÉCRIRE

16 Fan de...

Fan de la série *Friends*, vous aimeriez rejoindre le fan club français de la série télévisée. Envoyez un courriel (120 mots) aux responsables de ce fan club et demandez-leur :
– quelle est la démarche à effectuer pour devenir membre du club ;
– si des rencontres entre fans sont régulièrement organisées ;
– si une soirée spéciale a eu lieu, en France, pour le dernier épisode de la série ;
– si un film reprenant le concept de la série est prévu.

17 Coup de foudre

Une des personnes avec qui vous avez dialogué pendant un *speedating* vous a laissé ses coordonnées. Envoyez-lui une lettre (120 mots) pour lui parler un peu plus longuement de vous, de ce que vous attendez d'un homme ou d'une femme dans la vie et pour lui proposer de vous revoir.

18 Guide de la colocation

Vous travaillez au service du logement de votre université et on vous a demandé de rédiger le « guide du parfait colocataire ». Écrivez un texte de 120 mots maximum en vous inspirant de la leçon 2 p. 12 du livre élève.

UNITÉ 2

D'ici ou d'ailleurs

GRAMMAIRE — Les temps du récit

1. Pour connaître la vie de cet homme, conjuguez les verbes au passé composé ou à l'imparfait.

Avant, dans mon pays, c' _était_ (être) vraiment dur. Je ne _trouvais_ (trouver) pas de boulot. Le chômage _augmentait_ (augmenter) régulièrement, les prix aussi. Pour survivre, il _fallait_ (falloir) faire plusieurs boulots en même temps. Heureusement, un jour, j' _ai rencontré_ (rencontrer) quelqu'un qui m' _a aidé_ (aider). On m' _a proposé_ (proposer) du travail en France, sur les chantiers. Bien sûr, ce n' _était_ (être) pas très bien payé, mais j' _ai accepté_ (accepter). Au début, mon pays me _manquait_ (manquer). Aujourd'hui, ça va mieux : ma famille _est arrivée_ (arriver) en mai dernier.

2. Lisez le texte, puis entourez la forme du verbe qui convient.

On (*était* – a été) en mars et je me souviens encore que, dehors, la neige (*tombait* – est tombée). J' (*étais* – ai été) assis au fond de la classe, en cours d'anglais. Le prof nous (a fait – *faisait*) réviser un texte lorsque la porte (s'ouvrait – *s'est ouverte*). Un homme (entrait – *est entré*). Je ne sais plus aujourd'hui quels vêtements il (*portait* – a porté) ni à quoi il (a ressemblé – *ressemblait*). J'(*ai tout oublié* – oubliais tout) sauf ce qu'il (annonçait – *a annoncé*).
Il (*venait* – est venu) nous informer de la possibilité de gagner une bourse d'études d'un an dans une université, en Irlande. D'habitude, cette possibilité (*n'était* – n'a été) offerte qu'aux étudiants des classes littéraires. Mais comme, cette année-là, le gouvernement irlandais (*proposait* – a proposé) beaucoup de bourses, tous les élèves de terminale (*pouvaient* – ont pu) faire une demande. (*C'était* – Ça a été) une chance unique. (Je levais – *J'ai levé*) la main.

3. Cochez les fins de phrase qui conviennent.

1. Quand Nicolas est parti à Berlin,
   - a ☐ il trouvait un appartement tout de suite.
   - b ☒ il a trouvé un appartement tout de suite.

2. À son arrivée à Berlin,
   - a ☒ il ne parlait pas allemand.
   - b ☐ il n'a pas parlé allemand.

3. Quand il est rentré en France,
   - a ☒ il se sentait différent.
   - b ☐ il s'est senti différent.

4

a) Observez les verbes conjugués dans le récit ci-dessous. Soulignez-les et, sur une feuille à part, dites à quel temps ils sont employés.

Nicolas raconte son expérience d'échange Erasmus avec l'Université de Berlin.

« L'année dernière, mon université m'a proposé de participer à un échange Erasmus à Berlin. J'étais très enthousiaste, mais un peu stressé, car je ne parlais pas allemand et je n'avais pas de bourse. Finalement, j'ai accepté. J'ai trouvé un travail dans un supermarché quelques mois avant de partir et j'ai pu mettre de l'argent de côté.

Je suis parti en septembre sans parler un mot d'allemand. J'ai la chance d'avoir un ami berlinois qui m'a prêté son studio pendant une semaine, puis j'ai tout de suite trouvé un appartement dans l'ancien Berlin Est. C'était génial, j'avais l'impression d'être dans le film *Goodbye Lenin* car mon logement datait d'avant la chute du mur. Je l'aimais beaucoup, il me changeait totalement des appartements que je connaissais.

L'université organisait des cours d'allemand pour les étudiants Erasmus, et j'ai découvert dans mon quartier qu'il existait des cours destinés aux Européens venus travailler à Berlin. J'ai décidé de m'y inscrire. Ils se déroulaient trois soirs par semaine pendant trois heures. C'était très enrichissant de rencontrer tous ces gens et de ne communiquer qu'en allemand. Pour la première fois de ma vie, je me sentais totalement européen. Au bout de deux mois, j'ai commencé à bien m'exprimer. Quelle fierté j'ai ressentie quand j'ai pu faire réparer mon ordinateur en m'exprimant en allemand !

Les cours à l'université étaient très différents de ceux de ma fac et c'était très stimulant. Au début, c'était difficile de suivre des cours en allemand, mais je m'y suis vite habitué et j'ai rencontré des gens super que je vois toujours.

J'ai l'impression d'avoir totalement changé pendant cette année à l'étranger et je ne peux que recommander cette expérience à tous ceux qui hésitent à partir. Bien sûr, cela dépend des personnalités et je comprends que certains préfèrent rester dans les systèmes scolaires qu'ils connaissent bien. »

b) Complétez le tableau ci-dessous avec les verbes qui conviennent.

Verbes exprimant un fait / un évènement	Verbes exprimant un contexte / une situation / des circonstances

GRAMMAIRE — L'expression de la durée

5 Associez les débuts et fins d'énoncés ci-dessous et soulignez les expressions de la durée.

1 <u>Il y a</u> maintenant 25 ans <u>qu'</u>ils résident en France, …
2 <u>Ça fait</u> maintenant 2 ans <u>que</u> Libertad a rempli un dossier pour être naturalisée française, …
3 Stanislas a vécu en Irlande <u>entre</u> 1996 et 2002, mais il a dû repartir en Pologne car sa mère était malade. …
4 J'ai habité Paris <u>pendant</u> 17 ans, puis j'ai perdu mon emploi. …
5 Mouloud a quitté le Maroc <u>il y a</u> 20 ans et …
6 <u>Depuis</u> qu'elle est venue apprendre le français à Paris, <u>il y a</u> dix ans …

a Ça fait déjà sept ans <u>qu'</u>il est rentré, il ne veut plus quitter son pays.
b … car elle vit à Nantes <u>depuis</u> dix ans et elle veut rester en France.
c … mais <u>durant</u> toutes ces années, ils ont toujours espéré repartir dans leur pays.
d … maintenant il veut retourner <u>pour</u> deux ou trois mois dans son pays natal pour revoir toute sa famille et ses amis d'enfance.
e … Lynn n'est jamais repartie car elle adore la France.
f J'ai quitté la capitale et j'ai trouvé un travail à Saumur <u>en</u> deux jours. J'ai eu de la chance !

1	2	3	4	5	6
C	B	A	F	D	E

6 Complétez les réactions des personnes interrogées par une expression de durée.

– L'élargissement de l'Europe, qu'est-ce que cela a changé pour vous ?

1 J'ai attendu ça _pendant / durant_ des années ; mais, pour l'instant, je ne vois pas de changement dans ma vie quotidienne. (Anna, 36 ans, tchèque)
2 _Depuis_ quelques mois, j'essaie d'apprendre une langue étrangère ; avant je n'étais pas très motivé. (Danilo, 20 ans, slovène)
3 Entrer dans l'Union européenne : _Il y a_ quinze ans, c'était difficile à imaginer, aujourd'hui, c'est une réalité. (Baïba, 38 ans, lituanienne)
4 _Ça fait_ trois ans _que_ je travaille à l'étranger. En fait, pour moi, ça n'a rien changé d'essentiel. (Karolina, 32 ans, polonaise)
5 Maintenant, je suis ici _depuis / pour_ six mois sans avoir besoin de visa. Avant, ce n'était pas possible. (Agnès, 23 ans, hongroise)
6 _Depuis_ l'élargissement, on est un peu inquiets : les prix ont augmenté de 15 % en moyenne. (Maria, 35 ans, maltaise)
7 _Il y a / Ça fait_ 10 ans _que_ je souhaite faire un doctorat à Londres. Mon rêve va enfin se concrétiser. (Nicolas, 34 ans, bulgare)
8 Le miracle que nous attendions ne s'est pas produit, _pendant / depuis_ l'entrée de la Lettonie dans l'Union européenne, les jeunes sont partis travailler à l'étranger et nous manquons de main-d'œuvre. (Magda, 39 ans, lettone)
9 _Il y a_ dix ans, je suis allée faire un stage linguistique en France. L'obtention des visas était très compliquée, maintenant nous pouvons circuler librement dans 26 autres pays. (Edvina, 31 ans, roumaine)

7

a) Utilisez des expressions de la durée pour indiquer depuis quand les pays suivants sont entrés dans l'Union européenne.

Exemple : → *L'Irlande fait partie de l'Union européenne depuis le 1ᵉʳ janvier 1973.*
→ *Il y a 36 ans / presque 37 ans que L'Irlande est entrée dans L'Europe.*

1 La Belgique

2 La république tchèque

3 La Bulgarie

4 Chypre

5 La Suède

b) Continuez avec les pays de votre choix.

GRAMMAIRE — Le plus-que-parfait

8 **Complétez les phrases en imaginant une explication au plus-que-parfait comme dans l'exemple.**

Exemple : *Ils sont arrivés fatigués hier soir : ils **s'étaient perdus** en allant à la gare et **avaient raté** leur train.*

1 Pour résumer, nous y sommes enfin parvenus, même si _____

2 En fin de compte, on l'a surnommé « monsieur Catastrophe » parce que _____

3 À l'époque, il vivait avec une Espagnole que _____

4 Ils ont attendu longtemps pour avoir un logement décent car _____

5 Ils parlaient assez bien français quand on s'est connus : _____

9 **Imparfait, passé composé, plus-que-parfait ? Complétez le texte avec les verbes suivants.**

souhaitaient – ont emménagé – avions fixée – étais – avaient prévu – avais – ont laissé – avais pas fait – ont contactée – suis allée – voulais – ont dit – étions – sont partis – était – me suis sentie – ont refusé – ai appris – avaient réservé – ai décidé

Pour compléter mes revenus, j' **ai décidé** de louer mon logement de manière saisonnière. Des amis m' **ont contactée** car ils **souhaitaient** louer mon appartement pour le mois de juillet. J' **étais** ravie. Je **suis allée** m'installer chez ma sœur et ils **ont emménagé**. Je **voulais** leur faire signer un contrat, mais ils **ont dit** que c' **était** inutile, car nous **étions** amis. Finalement, ils **sont partis** au bout de deux semaines au lieu des quatre prévues. Ils **ont laissé** l'appartement dans un état épouvantable et **ont refusé** de payer la somme que nous **avions fixée**. J' **ai appris** par d'autres amis que mes locataires **avaient prévu** depuis le début de ne rester que deux semaines car ils **avaient réservé** des billets d'avion. Je **me suis sentie** trahie. Malheureusement, je n' **avais** aucun recours car je ne leur **avais pas fait** signer de contrat.

10 **Imparfait, passé composé, plus-que-parfait ? Conjuguez les verbes entre parenthèses au temps qui convient.**

Il y a quelques mois, je _____ (répondre) à une annonce pour un emploi de chercheur dans une université. Je _____ (envoyer) mon CV et je _____ (remplir) un dossier de candidature. Le jury _____ (sélectionner) cinq candidats et _____ (décider) de les convoquer à un entretien. Je _____ (être) parmi les cinq personnes sélectionnées et je

_____ (recevoir) une lettre de convocation. Je _____ (être) alors en vacances dans le sud de l'Italie. Je _____ (devoir) interrompre mes vacances et prendre le premier avion pour Paris. Je _____ (aller) passer mon entretien comme prévu… Au moment où je _____ (entrer) dans la pièce dans laquelle m'_____ (attendre) les recruteurs, je _____ (avoir) l'impression que tous _____ (être) très surpris en me voyant… L'un d'eux _____ (me dire) : « Mais vous êtes enceinte !! » Je _____ (ne pas comprendre) pourquoi il me _____ (dire) cela. Ensuite, tout l'entretien _____ (porter) sur ma santé, ma famille, mes trois enfants… Je _____ (essayer) de poser des questions sur le poste qui _____ (être) décrit dans l'annonce, mais on me _____ (répondre) : « Avec trois enfants, vous n'y pensez pas sérieusement ! » Je _____ (devoir) expliquer que je _____ (travailler) de nombreuses années ainsi, que mes enfants _____ (ne pas en souffrir) et que je _____ (donner) toute satisfaction à mes employeurs. Et que si je _____ (perdre) mon emploi précédent, ce _____ (être) uniquement en raison de restrictions budgétaires. Mais personne ne m'_____ (écouter)…

Je pense donc avoir été victime de discrimination, et j'aimerais saisir la Halde. Pourriez-vous m'aider ?

11 Imparfait, passé composé, plus-que-parfait ? Rétablissez la chronologie de ce message.

> Bonjour,
> J'ai fait une demande de nationalité française en 1998 par mariage et je l'ai reçue en 1999.
> **A** On a refusé sa demande en disant que j'avais obtenu la nationalité française illégalement.
> **B** J'ai fait transcrire en Hollande ma nouvelle nationalité sur mon certificat de divorce en 2002.
> **C** Je suis reparti en France et me suis remarié avec une autre femme qui avait un permis de séjour depuis 10 ans.
> **D** Nous avons fourni toutes les preuves possibles, mais les autorités françaises ne reconnaissent que la date inscrite sur mon certificat de divorce.
> **E** Le tribunal hollandais où j'ai divorcé a fait une erreur avec la date de transcription de ma nationalité, mais refuse de la corriger.
> **F** Elle a fait une demande de nationalité française en juillet 2005 car j'étais français.
> **G** Nous avons pris un avocat, mais, depuis plus d'un an, le procureur envisage d'annuler ma nationalité.
> **H** Ma première femme et moi avons divorcé en 2001 en Hollande où nous habitions alors.
> **I** Comment faire pour nous sortir de cette situation ? Pouvez-vous nous aider ou nous faire savoir quel recours nous avons ?
> Merci par avance,
> Cordialement,
> Laurent Kamin

1	2	3	4	5	6	7	8	9
H	B	E	C	F	A	D	G	I

VOCABULAIRE

12 Complétez le texte avec les mots qui conviennent.

*résolution – accueillir – discrimination – dossier – saisir – origine – victimes –
démarches – réclamation (2 fois) – droits – mission*

Anne Thénard est correspondante locale de la HALDE dans les Vosges. Elle a pour _____ d'_____ les personnes souhaitant déposer une _____ à la HALDE. Elle peut les informer de leurs _____, les aider à constituer leur _____ de _____ et contribuer à la _____ de leurs difficultés. Elle les aide dans toutes leurs _____. Elle reçoit principalement des personnes qui pensent être _____ de _____ due à leur _____. Presque tous souhaitent _____ la HALDE.

13 Complétez chaque phrase avec le mot qui convient.

1 _____ à Marseille en 1962, ils y sont toujours restés. (*Débarqués – Embarqués*)

2 Il _____ un réfugié qui n'avait plus rien à perdre. (*semblait – avait l'air d'*)

3 Chez nous, il était interdit de _____ les Français. (*pratiquer – fréquenter*)

4 Il avait un drôle _____ dans ce vieux costume. (*d'aspect – de comportement*)

5 Ils voulaient vraiment _____ cette nationalité ? (*conquérir – acquérir*)

14 Cochez les définitions exactes.

1 ❏ un enfant naturel = un enfant dont les parents sont mariés
2 ❏ l'acquisition de la nationalité = l'obtention de la nationalité
3 ❏ résider quelque part = demeurer quelque part
4 ❏ le Code civil = les règles de politesse
5 ❏ à votre majorité = quand vous aurez seize ans
6 ❏ une tranche d'âge = âge compris entre deux limites

COMPRENDRE

15 L'univers des langues DELF

Étudier en Europe

*Pourquoi ne pas profiter du cadre de vos études pour faire un séjour à l'étranger ?
Cette expérience est toujours appréciée dans un curriculum vitæ.*

*De nombreux programmes d'échange entre établissements ou mis en place par les gouvernements permettent d'étudier chez nos voisins européens. Simple séjour linguistique ou année d'études, choisissez !
Toutefois, rien ne s'improvise : organisez-vous assez longtemps à l'avance et renseignez-vous sur la reconnaissance réciproque des diplômes.*

Osez la VO ! *Shakespeare, Goethe, Cervantès et Dante font des adeptes... Ce sont des milliers de jeunes Français, adultes, lycéens, collégiens ou étudiants qui tentent chaque année l'aventure en « version originale ».*

➡ Choisir son séjour

1. L'étudiant est accueilli dans une famille dont il partage la vie quotidienne pendant toute la durée du séjour. Aucune activité de groupe n'est prévue, ni cours, ni loisirs. Cette formule nécessite une certaine maturité et un bon niveau de connaissance de la langue.

2. L'étudiant est accueilli dans une famille dont il partage la vie quotidienne pendant toute la durée du séjour. L'étudiant a des devoirs à faire, ceux-ci étant régulièrement contrôlés à domicile par un enseignant.

3. L'étudiant est accueilli dans une famille dont il partage la vie quotidienne pendant toute la durée du séjour. Le matin est réservé aux cours et l'après-midi à des activités de loisirs, sportives ou culturelles. Les soirées et le week-end se passent avec la famille d'accueil.

4. Selon l'âge, l'hébergement se fait en collège, centre d'accueil, foyer ou résidence universitaire. Les cours sont généralement dispensés sur place ou à proximité.

5. La famille du jeune Français reçoit un jeune étranger du même âge. En retour, le jeune Français est accueilli par la famille étrangère, pour une durée égale et dans les mêmes conditions.

➡ Comment s'organisent les cours ?

En général, après un test de langue, les élèves sont répartis en fonction de leur niveau. En général, les écoles de langues utilisent des textes et des documents audio-oraux. Certains organismes peuvent cependant utiliser des méthodes un peu plus originales : cours assistés par ordinateur, jeux de rôles…

➡ À quoi servent les cours ?

Les organismes délivrent un certificat de stage qui peut renforcer un curriculum vitæ, après un stage linguistique. Certaines formations sont des remises à niveau ou encore un approfondissement de la langue pour les scolaires ou les professionnels. Certaines formations préparent aux tests nécessaires pour entreprendre des études à l'étranger.

➡ Choisir son organisme

Le choix s'effectue en fonction de ce que l'on attend du séjour.

➡ Le prix d'un séjour linguistique

Le prix des séjours est fixé librement. Un conseil : faire jouer la concurrence, ne pas hésiter à comparer les propositions de plusieurs organisateurs ! Un prix avantageux ne doit pas cependant nuire à la qualité des services offerts. Le nombre d'heures de cours ou d'élèves admis par classe ou une méthode d'enseignement particulière peuvent justifier certaines differences notables de prix.

Attention aux suppléments éventuels tels que : le prix du voyage, les coûts de déplacements locaux éventuels (du lieu de résidence au lieu des cours), l'assurance, les excursions et visites accompagnées, les activités sportives ou de loisirs, les repas pris à l'extérieur, etc.

D'après Centre d'information et de documentation jeunesse (CIDJ)
www.cidj.com

---

1 Lisez le chapeau du document p. 20.

a Relevez :

1 les deux types de formations possibles à l'étranger : _____

2 les personnes à qui s'adressent ces formations : _____

3 les deux recommandations à suivre avant de partir : _____

b Expliquez le sens de la phrase suivante.

Ce sont des milliers de jeunes Français […] qui tentent chaque année l'aventure en « version originale ».

2 Lisez la suite du document.

a Associez chacun des titres suivants à l'un des paragraphes de la rubrique *Choisir son séjour*.

1 En famille avec cours collectifs :

2 Échanges :

3 En famille sans cours :

4 Logement et cours collectifs :

5 En famille avec cours individuels :

b Repérez :

1 la manière dont les étudiants sont répartis dans les classes, quand il s'agit d'un cours collectif :

2 le type de document que l'on délivre aux étudiants à la fin de leur stage :

c Quels peuvent être les trois objectifs d'un séjour linguistique à l'étranger ?

d Relevez les différents éléments qui influent sur le prix d'un cours à l'étranger.

ÉCRIRE

16 Publicité mensongère

Séduit(e) par la publicité ci-dessous, vous vous êtes inscrit(e) dans cette école de langues pour un stage de quatre semaines. Malheureusement, la réalité est très différente de ce qui était annoncé.
À la fin de votre séjour, vous envoyez donc une lettre de réclamation au directeur du CAF pour obtenir un remboursement de votre stage (200 mots). Vous pouvez reprendre le modèle proposé dans la leçon 8 du livre de l'élève, p. 27.

Venez apprendre le français avec le Centre d'apprentissage du français

- des petits groupes de 5 à 8 personnes au maximum ;
- 20 salles de classe spacieuses et lumineuses ;
- des prix intéressants : matériel pédagogique compris dans les frais d'inscription ainsi que toutes les excursions ;
- des activités culturelles : dégustation de vins, de fromages, cours de cuisine, visites, etc. ;
- une médiathèque pour étudier, consulter les journaux et magazines ou pour regarder la télévision française ;
- une cuisine où vous pourrez préparer et partager vos repas : thé, café et boissons fraîches sont disponibles gratuitement ;
- une situation géographique idéale : au cœur de la ville, l'institut bénéficie d'un accès très facile.

L'école de langue est située à deux pas du centre-ville où sont rassemblés les cafés, restaurants, boutiques, cinémas et bibliothèques.
Avec le CAF, vous serez satisfait ou remboursé !
CAF – 2, place Stanislas – 54000 NANCY

---

17 Injustices

Vous avez un ami malvoyant qui est locataire dans un immeuble récemment modernisé. Il a du mal à accéder à son appartement depuis la mise en place d'un nouveau système consistant à choisir son nom sur une liste qui défile. Il rencontre également des difficultés pour comprendre les informations diffusées par affiches. Aidez-le à rédiger un e-mail adressé à LA HALDE pour demander de l'aide (120-140 mots). Utilisez, quand c'est possible, le vocabulaire de l'exercice 12, p. 20.

18 Histoire d'*Erasmus*

Pour encourager des étudiants à partir en échange *Erasmus*, le journal de votre université vous a demandé de résumer l'histoire du programme *Erasmus* dans un article (160/180 mots).
À l'aide des indications ci-dessous, rédigez cet article.

- **1987** Lancement du programme *Erasmus* avec la participation de onze pays. Possibilité pour les étudiants d'effectuer une partie de leurs études dans un autre établissement scolaire européen, pendant un minimum de trois mois ou un maximum d'un an.
- **1988** Mise en place du système européen de transfert de crédits : le temps passé et les études faites à l'étranger sont reconnus dans l'établissement scolaire d'origine.
- **1989-2002** Lente progression des échanges entre différentes universités européennes.
- **2002** Sortie du film de Cédric Klapisch *L'Auberge espagnole* sur la vie en colocation de sept étudiants européens en échange *Erasmus* à Barcelone. Ce film semble encourager certains étudiants à partir.
- **2003** Augmentation du nombre d'étudiants de 9 %.
- **octobre 2004** Ouverture d'une extension du programme, *Erasmus mundus*, destinée à tous les pays du monde.
- **2007** Célébration des vingt ans d'*Erasmus* qui a permis à 1,5 million d'étudiants de participer à des échanges universitaires entre pays européens partenaires.
- **2009** Implication de 30 pays de l'Espace économique européen (EEE) (soit les 27 pays membres de l'Union européenne ainsi que l'Islande, le Liechtenstein, la Norvège, la Suisse et la Turquie.

UNITÉ 3

En avant la musique !

GRAMMAIRE — L'expression de la comparaison

1 Indiquez ce qu'expriment les énoncés suivants, entendus lors de la Fête de la musique.

1. Il y a autant ou moins de groupes que l'année dernière ?
2. Le programme est aussi complet que divers : hip-hop, flamenco, rock...
3. S'ils nous font payer ce prix-là, c'est eux qui souffriront le plus, car nous ne viendrons plus !
4. Les gens vont de plus en plus aux spectacles gratuits.
5. Vous pouvez assister à autant de concerts que vous voulez.
6. Les jeunes participent de moins en moins à cette fête, mais les seniors sont de plus en plus nombreux.
7. C'est le côté économique qui compte le plus maintenant !
8. La SNCF et la RATP proposent des forfaits pour voyager autant de fois que vous voulez.
9. Ce sont les enfants qui dansent le plus.
10. Les musiciens amateurs sont parfois plus intéressants que les professionnels.

La comparaison d'une quantité	La comparaison d'une qualité	L'évolution	Le classement

2 Lisez le texte suivant et complétez chaque paragraphe avec les expressions qui conviennent indiquées entre parenthèses.

Institut français de Prague

Programme ➡ 21 juin 2009

Fête de la musique

_____ chaque année, venez _____ nombreux fêter la musique pour ce premier jour de l'été !

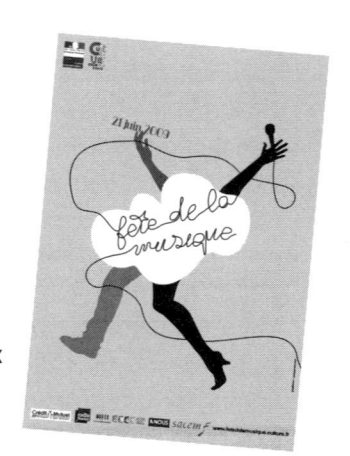

Succès international, phénomène de société (un timbre poste lui est consacré en 1998), la Fête est aussi porteuse des nouvelles tendances musicales, qu'elle annonce _____ souvent, que toujours elle traduit : _____ dans le renouveau des musiques traditionnelles dans l'explosion des musiques du monde, le développement des chorales, du rap, des musiques électroniques et de toutes les formes musicales.

(autant… que – comme – le plus – de plus en plus)

Programme :

➪ Red Cardell (fr/ Rock)

Red Cardell est sans doute ce qui se fait de mieux actuellement en France au niveau de la fusion tradition-rock. Avec _____ mille concerts et quatre albums enregistrés, le groupe a largement prouvé que la musique traditionnelle bretonne est _____ compatible à la sauce rock que celle qui est _____ tournée vers le passé.

(aussi – plus de – moins)

➪ Mansfield Tya (fr/Post-song)

Seules au bout de 23 secondes est un des disques _____ troublants de la saison et on ne saura jamais comment un duo féminin capable de susciter _____ d'émotions a pu se donner un nom de Sicav* (« ici à la Bourse de Paris, le *Mansfield.Tya* gagne 12 % en une séance »). Mansfield Tya navigue entre post-folk et rock minimal, entre spleen et sensualité, entre poésie et hypnose.

(autant – les plus)

* Sicav : Société d'Investissement à Capital Variable

3 **Patrick, Jo et Kevin ont décidé de créer un nouveau groupe. Entourez les expressions de la comparaison qui conviennent pour compléter leur conversation. Plusieurs réponses sont parfois possibles.**

PATRICK : D'abord, qui va jouer de la batterie ?... Toi Jo ?

KEVIN : Pourquoi Jo ? Il faut quelqu'un avec une coupe de cheveux *(moins originale – plus originale – aussi cool)*.

PATRICK : Oui, mais c'est lui qui est *(le plus doué – le moins doué – le moins expérimenté)*.

JO : Merci, Kevin ! Je peux changer mon look. Je vais demander à Anna de me teindre les cheveux en violet. Cela sera *(moins sympa – plus cool – aussi nul)*.

KEVIN : Maintenant, comment appeler notre groupe ? Qu'est-ce que vous proposez ?

PATRICK : « Super Boys » ?

JO : Il faut trouver un nom *(moins français – moins anglophone – aussi sonore)*.

PATRICK : « Les Premiers Hommes sur la Lune » ?

JO : Non, une expression *(plus courte – aussi contemporaine – moins longue)* !

PATRICK : « Les Martiens » ?

Jo et Kevin : Génial !

Patrick : Maintenant, nous devons régler un problème (*moins urgent – aussi urgent – plus urgent*) que celui du nom.

Kevin : Lequel ?

Patrick : Il faut trouver où on va répéter. Chez moi, c'est impossible. Chez toi Jo ? Tu as un garage.

Jo : Oui, mais nos voisins deviennent (*de moins en moins compréhensifs – de plus en plus compréhensifs*). Et si on allait chez Anna, c'est elle qui a (*la plus grande – la plus petite*) maison et ses voisins sont (*moins tolérants – aussi tolérants – plus tolérants*) que les miens.

Patrick : Oui, mais elle n'est pas dans le groupe...

Jo : C'est pas grave, c'est ma copine et je suis sûr que nous pouvons aller chez elle (*aussi souvent – moins souvent*) qu'on veut. Ses parents sont géniaux et ils sont de (*plus en plus – moins en moins*) chez eux car ils sont retraités...

Kevin : Super !

4 **Lisez les portraits ci-dessous et formulez des comparaisons entre les deux chanteurs concernant leur âge, leur milieu social, leur formation, leur parcours, etc.**

Exemple : *Marie Modiano est plus jeune que Francis Cabrel.*

Francis Cabrel est né en 1953 dans une famille modeste originaire d'Italie. Son père était ouvrier et sa mère caissière. C'était un adolescent timide, mais son oncle lui a offert une guitare qui a transformé sa vie. Il s'est mis à composer ses premières chansons et est devenu moins timide. À 16 ans, il se sentait déjà l'âme d'un vrai musicien et chantait les chansons de Neil Young, Leonard Cohen et a appris ainsi l'anglais en traduisant les paroles. Il a été renvoyé du lycée pour indiscipline et est parti travailler dans un magasin de chaussures tout en jouant dans des bals locaux avec un groupe.

Marie Modiano est née en 1978 à Paris. Son père est le célèbre écrivain Patrick Modiano. Quand elle était enfant, elle aimait écouter inlassablement les disques de sa mère. Elle s'est ainsi nourrie de la soul de Stevie Wonder, d'Otis Redding et de Nina Simone, puis s'est passionnée pour le folk de Bob Dylan. À l'adolescence, elle a appris le piano et a commencé à écrire des poèmes.
Elle s'est ensuite sentie plus attirée par les arts du spectacle et est partie après le lycée suivre les cours de la prestigieuse *Royal Academy of Dramatic Art* de Londres.

GRAMMAIRE — Les pronoms compléments / Les pronoms *en* et *y*

5 Répondez aux questions en remplaçant le complément souligné par le pronom qui convient.

Exemple : – Tu as acheté le dernier CD de Camille ?
— Oui, je **l'**ai acheté.

1 – Je vais aller voir Camille sur scène, tu veux venir avec moi ?
— Oui, je y vais aller avec toi, *je veux bien y aller.*

2 – Tu as aussi demandé à Anne et Philippe.
— Oui, je leur ai aussi demandé. ✓

3 – Tu as écouté ses dernières chansons ?
— Oui, je les ai écoutées. ✓

4 – Tu te souviens de la date de sortie de son nouvel album ?
— Non, je ne m'en souviens pas. ✓

5 – Tu t'intéresses à sa carrière dans le cinéma ?
— Non, je ne me lui intéresse *(m'y)* pas du tout.

6 Répondez en utilisant l'impératif et le pronom correspondant à l'élément souligné.

Exemple : – Je vous donne le numéro pour les réservations ?
— Oui, **donne-nous** le numéro.

1 – Je te prends un billet pour le concert de samedi ?
— Oui, prends-moi un billet. ✓

2 – Je demande à Luc de t'accompagner ?
— Non, ne lui demande pas. ✓

3 – Je me joins à vous pour le festival ?
— Oui, joins-toi à nous. ✓

4 – Je vais en vitesse au guichet ?
— Oui, vas-y. ✓

5 – J'annonce la bonne nouvelle aux autres ?
— Oui, annonce-leur. ✓

6 – Je peux lui donner l'adresse du site de réservation ?
— Oui, donne-lui. ✓

7 – Je téléphone aux autres pour confirmer ?
— Oui, téléphone-leur. ✓

8 – Je les encourage à venir avec nous ?
— Non, ne les encourage pas. ✓

7 Complétez avec les pronoms qui conviennent. Faites les changements nécessaires.

– Coralie quand avez-vous commencé à pratiquer le violon ?

– Et bien, j'ai commencé à __le__ pratiquer à 6 ans, car je viens d'une famille de musiciens.
Je __l'__ ai arrêté à l'adolescence.

– Vos parents __vous__ ont beaucoup soutenue ?

– Oui, je __leur__ dois une grande partie de mon succès, mais je suis spécialement reconnaissante à mon frère.

– Oui, il a écrit certaines chansons de Henri Salvador et il vous a demandé de __les__ chanter. C'est ça ?

– Tout à fait ! et ensuite il __en__ a écrit treize pour moi seule et je __les__ ai chantées dans mon premier album. À cette époque, j'étais étudiante en histoire à la fac et j'adorais cette discipline.

– Vous vous __y__ intéressez toujours ?

– Oui, mais la passion pour la musique __lui__ a fait prendre la deuxième place. Cependant j'__y__ tiens encore beaucoup !

GRAMMAIRE — Les modalisateurs

8 Choisissez les mots ou expressions qui conviennent et cochez la bonne réponse.

Exemple :

Mention bien ! C'est ❏ nul !   Je suis ☒ super contente !
☒ trop bien !   ❏ assez
❏ intéressant !   ❏ sans doute

1 ❏ Nul ! Les vacances commencent, c'est ❏ triste !
❏ Cool !   ❏ normal !
❏ Satisfaisant !   ❏ formidable !

2 82 % des candidats sont reçus dans notre lycée, c'est ❏ plutôt satisfaisant.
❏ sans doute
❏ peut-être

3 L'option « chanson française » n'est ❏ probablement pas obligatoire au bac.
❏ vraiment
❏ hélas

4 Le choix des auteurs retenus est ❏ peut-être excellent.
❏ franchement
❏ plutôt

5 Moi je les ai trouvés ❏ assez nuls !
❏ réellement
❏ sans doute

6 ☐ Hélas ! Je passe l'oral de rattrapage. Mais je serai ☐ plutôt recalée car il me manque trop de points.
   ☐ Probable !   ☐ heureusement
   ☐ Super !   ☐ probablement

7 Le sujet de philo était ☐ vraiment intéressant.   C'est grâce à ça que j'ai eu 16 !
                            ☐ assez dément.
                            ☐ totalement décevant.

9 Associez les phrases et les réactions qu'elles suscitent. Attention, plusieurs réponses sont possibles !

1 Je révise toujours la nuit. Pour moi, c'est le meilleur moment car il n'y a pas de tentations extérieures et j'adore travailler au lit...
2 Le matin, après une bonne douche, je regarde le soleil se lever et je commence...
3 C'est très dur de se mettre au travail, mais je travaille mieux dans l'urgence et toujours au dernier moment !...
4 Je reste éveillée grâce à la musique et au café...
5 Je mange des tonnes de sucreries de toutes les couleurs et j'évite toutes les vitamines...
6 Je fais un jogging tous les matins...
7 Je ferme mes volets s'il fait beau, mais j'adore quand il pleut... aucune tentation !
8 J'utilise beaucoup Internet pour réviser. Il y a beaucoup de sites de cours en ligne...
9 Le bac, on le donne maintenant, ce n'est pas la peine de se fatiguer...
10 Je réfléchis à ma tenue pour l'oral, car je suis bien meilleure à l'oral qu'à l'écrit... Le look est important...

a Génial !
b Sans doute, si on sait distinguer les bons des mauvais sites...
c Plutôt bizarre comme approche...
d C'est super pour garder la forme !
e C'est une méthode formidable !
f C'est vraiment nul de dire une chose pareille !
g C'est hélas mon cas aussi !
h C'est franchement impossible pour moi...
i C'est franchement excellent, je n'y avais pas pensé !
j Malheureusement ta santé va en souffrir.

1	2	3	4	5	6	7	8	9	10
a, c, e, g, h, i									

VOCABULAIRE

10 À l'aide du dessin, trouvez les six mots et complétez la grille.

11 Barrez l'intrus.

1 examen – baccalauréat – option – licence

2 résultat – note – épreuve – mention

3 bachelier – collège – lycée – établissement

4 rattrapage – option – matière – section

COMPRENDRE

12 La musique française fait chanter la planète !

La musique française fait chanter la planète

Depuis Édith Piaf, Mireille Mathieu, Charles Aznavour, on sait que les chanteurs français séduisent les auditeurs étrangers. Mais cette tendance s'accentue et concerne aussi les jeunes musiciens d'aujourd'hui. Question de talent... et de stratégie !

Les musiciens français n'ont plus de complexes à avoir par rapport aux Anglo-Saxons. En 1993, ils avaient vendu 4 millions d'albums à l'étranger. En 2000, ce chiffre était passé à 40 millions ! Aujourd'hui, on parle en unités : quelques 28 millions ces dernières années. Ce vocable recouvre aussi bien les singles et les albums que les ventes sur Internet et la téléphonie mobile, qui viennent doper le marché.

C'est la musique électronique qui a ouvert la voie aux jeunes artistes français. Les Daft Punk restent indétrônables. Le groupe historique ne fait cependant pas d'ombre à la relève, qui affiche une insolente popularité internationale : Justice, Laurent Wolf, David Guetta, Joakim Air, Birdy Nam Nam, Bob Sinclar apportent une « french touch » très appréciée au-delà des frontières.

Pour le reste, dans la foulée de l'extraordinaire épopée du groupe Gojira, se presse toute une génération de représentants français du « métal », avec des résultats déjà prometteurs : Inspector Cluzo, Treponem Pal, Pleymo, Empyr, One Way Mirror, Eths, Demians...

Il n'y a d'ailleurs jamais eu autant de femmes ambassadrices de la chanson française : Camille, Coralie Clément, Olivia Ruiz, la « femme chocolat », qui a pris à bras le corps son pays d'origine, l'Espagne... Carla Bruni a cartonné hors des frontières françaises bien avant de devenir la première dame de France, dès son premier album. Ajoutons encore Anggun, Rose, Émily Loizeau, Yelle, Marie Modiano... Toutes font des parcours remarquables à l'étranger.

Les chanteurs les plus confirmés demeurent des valeurs sûres, tels Francis Cabrel, Mylène Farmer, Alizée, imbattable en Amérique latine, Vanessa Paradis ou Christophe Maé. Quant aux plus anciens, ils ne se démodent pas : Jane Birkin demeure une star et le dernier album de Charles Aznavour marche très fort.

Plus de 50 % des ventes ont lieu en Europe. C'est l'Allemagne qui apprécie le plus la chanson française, depuis longtemps. Le Japon progresse très fort actuellement. Les Japonais adorent Tahiti 80, un groupe de pop peu connu chez nous. Quant aux Américains, ils sont devenus, c'est nouveau, le second territoire d'exportation pour des musiciens français, là encore, peu célèbres dans leur propre pays.

Même le Royaume-Uni, marché réputé difficile, commence à s'ouvrir. L'« électro » française y est adoubée. Les musiques du monde, très populaires, des artistes inclassables comme Camille ou Sébastien Tellier, et même les rockers, comme Manu Chao, The Shoes, Nelson, Neïmo ou Zombie Zombie, y sont respectés.

Cette internationalisation est due non seulement au talent des artistes, mais aussi à une habile stratégie des maisons de disques, comme l'explique Sophie Mercier, directrice du Bureau export de la musique : « Elles ont su s'adapter au digital et aller chercher des partenaires. Elles ont fait évoluer leurs méthodes marketing ». C'est ainsi que le morceau New soul, de Yaël Naïm, utilisé pour la pub MacBook Air, a engendré la vente, aux États-Unis surtout, de plus de 150 000 albums et de 3 millions de singles !

D'après www.ambafrance-cn.org, Sylvie Thomas, 13 juillet 2009

1 Lisez l'article p. 31.

a Relevez et classez les chanteurs français mentionnés dans le texte.

Chanteurs « classiques »	Musique électronique	« Métal »	Rockers	Chanteuses	Autres

b Citez les pays et continents étrangers qui apprécient la musique française.

c Relevez les phrases décrivant l'opinion de ces pays et continents sur la musique française.

d Relevez combien d'albums ont été vendus :

– en 1993 :

– en 2000 :

– en 2008 :

2 Relisez l'article.

a Relevez les phrases décrivant l'évolution de la musique française sur la scène internationale.

b Relevez dans le texte les mots ou expressions équivalant aux expressions suivantes (ces expressions suivent l'ordre du texte).

1 cette expression : ....

2 stimuler : ....

3 qui ne peut pas perdre sa place sur le trône / qui ne peut pas perdre sa première place : ....

4 encourageants : ....

5 a remporté un grand succès : ....

6 la femme du Président de la république : ....

7 qui ne peut être battue : ....

8 ils restent à la mode : ....

9 que l'on ne peut classer : ....

10 actions menées en vue d'un succès : ....

c Expliquez le sens des expressions ou phrases suivantes.

1 « Le groupe historique ne fait cependant pas d'ombre à la relève » : ....

2 « l'extraordinaire épopée du groupe Gorija » : ....

3 « Olivia Ruiz […] a pris à bras le corps son pays d'origine, l'Espagne » : ....

4 « L'"Électro" française y est adoubée » : ....

ÉCRIRE

13 Festival des jeunes charrues

Vous habitez à Vannes, vous avez créé un groupe en 2007 et vous souhaitez participer au Festival des Jeunes Charrues 2010. Écrivez une lettre de demande de renseignements (de 120 mots environ) pour connaître les modalités d'inscription et les aides financières éventuelles.

14 La musique de votre pays

La revue, *Musiques du Monde*, vous a sollicité pour écrire un article sur la musique dans votre pays, ses tendances, ses chanteurs les plus populaire, sa place sur la scène internationale, etc.
Rédigez un article de 180 à 200 mots en vous aidant de l'article de l'exercice 12, p. 31.

UNITÉ 4
Espace vert

GRAMMAIRE — **Les pronoms relatifs simple**

1. **a) Associez les débuts et fins de phrases ci-dessous. Attention, plusieurs réponses sont possibles.**

   1 Elle parle souvent de la ville...
   2 Dans cette rue se trouve le restaurant...
   3 J'habite dans un immeuble...
   4 Claire a vu le film.

   • a qui a été construit dans les années cinquante.
   • b où elle est née.
   • c que tout le monde a trouvé si triste.
   • d dont tu m'as parlé.

   b) Indiquez pour chacune de ces phrases ce que remplacent les pronoms relatifs *qui, que, dont, où* et leur fonction dans la phrase.

   1 _____
   2 _____
   3 _____
   4 _____

2. **a) Associez les descriptions des villes aux photos ci-dessous. Transformez suivant l'exemple en utilisant les relatifs *qui, que, dont, où*.**

   1
   2
   3

   Exemple : Cette ville est apparue pour la première fois en 1750 et elle est devenue en 1902 la capitale de l'Afrique occidentale française. Sa population actuelle parle français et wolof ; de nombreux musiciens y sont nés et de nombreux amateurs de musique visitent cette ville.

→ **Dakar** (photo ____)
C'est une ville **qui** est apparue pour la première fois en 1750 et **qui** est devenue en 1902 la capitale de l'Afrique occidentale française. C'est une ville **dont** la population actuelle parle français et wolof, **où** de nombreux musiciens sont nés et **que** de nombreux amateurs de musique visitent.

1 Cette ville se trouve en Amérique du Nord et sa population est francophone ; le taux de chômage y est très bas. Les Français visitent cette ville fréquemment et parfois y cherchent un emploi.

→ _____ (photo ____)

2 Cette ville a été fondée en 1062 et elle compte environ 825 000 d'habitants. Les touristes fréquentent beaucoup cette ville et ils aiment s'y promener, spécialement dans son marché, célèbre dans le monde entier. Sa position géographique permet aux randonneurs de l'utiliser comme centre pour leurs excursions dans l'Atlas ou le désert.

→ _____ (photo ____)

b) Trouvez une ville de votre choix et décrivez-la en suivant l'exemple de l'exercice précédent. Posez la devinette à la classe.

→ _____

3 Complétez avec *qui, que, dont, où*.

Genève, _____ compte 188 082 habitants et _____ la langue officielle est le français, est la seconde ville de Suisse. Les organisations internationales _____ Genève abrite sont au nombre de 22. Celles _____ on parle le plus souvent sont : le siège européen des Nations unies, le Comité international de la Croix-Rouge (CICR), l'Organisation mondiale du commerce (OMC) et l'Organisation mondiale de la santé (OMS). C'est aussi le lieu _____ se trouvent 250 ONG (organisations non gouvernementales). Ce sont les villes de Genève et New York _____ sont les deux centres de coopération internationale les plus importants du monde. Genève est la ville _____ se tient le plus grand nombre de réunions. L'Office des Nations Unies à Genève (ONUG), _____ se sont déroulées beaucoup de négociations historiques _____ le monde entier connaît, est le centre de diplomatie le plus actif du monde.

C'est Genève _____ est la deuxième place financière du pays, la troisième place financière européenne après Londres et Zurich et la sixième place financière mondiale. C'est également la métropole _____ offre la meilleure qualité de vie au monde avec Zurich, devant Vancouver et Vienne.

GRAMMAIRE — La place de l'adjectif

4 Lisez les coupures de presse et justifiez la place des adjectifs soulignés : cas général (1), participe passé utilisé comme adjectif (2), adjectif de nationalité (3), de couleur (4), suivi d'un complément (5), indiquant une date (6), ou bien habituellement placé avant le nom (7).

Exemple : Parmi les jardins <u>présentés</u> cette année au festival, j'ai préféré « le jardin des couleurs <u>captives</u> ».
→ présentés : 2 – captives : 1

1 <u>Organisés</u> autour d'une pièce d'eau, ces jardins <u>français</u> ont pour thème les saisons et l'amour.

2 Le labyrinthe de Chemillé est un espace <u>agréable</u> à explorer pour se détendre loin de la foule et du bruit.

3 Le Jardin des papilles et des papillons, <u>cultivé</u> par les membres <u>actifs</u> d'une association, est situé à Paris.

4 Chaumont 2009 : les <u>jeunes</u> paysagistes ont eu beaucoup d'idées <u>innovantes</u>.

5 L'année <u>dernière</u>, les jardiniers avaient imaginé un puzzle de coquelicots <u>rouges</u> et de marguerites <u>blanches</u>.

6 <u>Petits</u> arbustes <u>taillés</u> en forme d'animaux, les topiaires, <u>appréciés</u> des enfants, sont très à la mode.

7 Le château de Valmer est entouré d'un parc <u>anglais</u> où les arbres semblent pousser sans ordre <u>apparent</u>.

5 Retrouvez la place des adjectifs dans la phrase. Accordez-les si nécessaire.

1 Ils habitent dans un immeuble sans âme au nord de Paris. (grand – gris)

2 Dans ces bâtiments, à l'écart de la ville, vivent des familles. (vétuste – défavorisé)

3 On ne peut rien conserver, dans cette cave. (vieux – humide)

4 Aujourd'hui, on y voit des escaliers et des boîtes aux lettres. (condamné – arraché)

5 Réaménager le terrain vague, c'est une idée. (ancien – bon)

6 Démolir, c'est bien, si les acteurs ont en tête un autre projet. (social – urbain)

7 Dix secondes ont suffi pour pulvériser la barre de la Courneuve. (petit – dernier)

6 Complétez avec les adjectifs suivants et accordez-les si nécessaire :

exceptionnel – partagé – riche – vert – varié – écologique – guidé (2 fois) – nouveau – floral – ouvert – religieux – fermé – horticole

Parcs & Jardins

Fête des Jardins 2009

Pendant tout le week-end du 26 et 27 septembre 2009, le programme sera _____ et _____ : visites et promenades _____, art _____, dégustations, expositions, ateliers pour les enfants, concerts, jeux, visites pour les non-voyants, visites _____ en langue des signes.

Paris proposera aussi des démonstrations de bûcherons dans les arbres (Bercy, Monceau, Montsouris, Buttes-Chaumont, école Du Breuil), des techniques de rempotage et des spectacles.

Sur les sites et dans le village, installé au parc de Bercy (12ᵉ), les agents de la Direction des Espaces _____ et de l'Environnement présenteront leurs métiers et les actions menées par la Ville de Paris pour favoriser la biodiversité. Ils expliqueront aux visiteurs les _____ pratiques relevant d'une gestion _____ des jardins.

Les jardins _____ participeront également à la manifestation et certains lieux habituellement _____ au public, comme le centre _____ de Rungis et les jardins de certaines communautés _____, seront _____, à titre _____, le dimanche.

7 Entourez les adjectifs correctement placés.

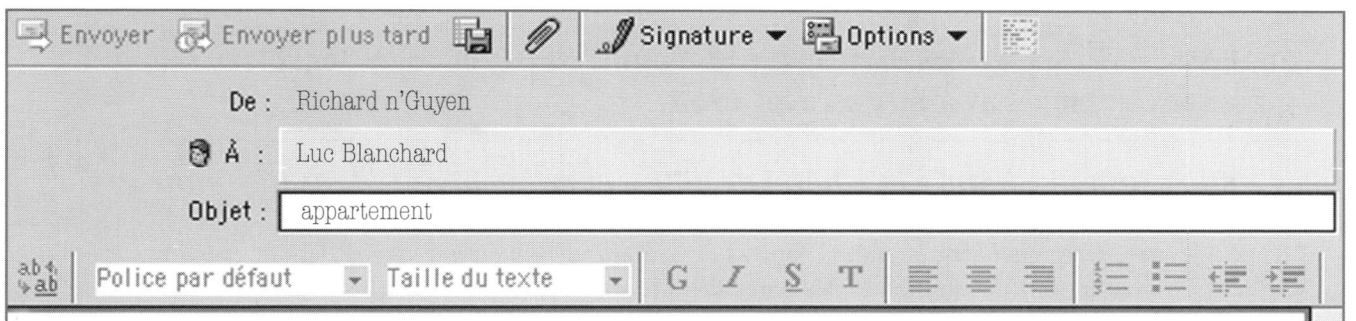

De : Richard n'Guyen
À : Luc Blanchard
Objet : appartement

Monsieur,
Suite à notre <u>téléphonique</u> conversation <u>téléphonique</u>, j'ai le plaisir de vous proposer un <u>grand</u> appartement <u>grand</u> dans un <u>tranquille</u> quartier <u>tranquille</u>. Il est composé de trois <u>spacieuses</u> chambres <u>spacieuses</u>, d'un <u>lumineux</u> salon <u>lumineux</u>, d'une <u>moderne</u> cuisine <u>moderne</u> et d'un <u>ensoleillé</u> bureau <u>ensoleillé</u>. Ce logement est situé au <u>dernier</u> étage <u>dernier</u> d'un <u>récent</u> immeuble <u>récent</u>. C'est un <u>agréable</u> endroit <u>agréable</u> à vivre ; il y a aussi une <u>ombragée</u> terrasse <u>ombragée</u> plein sud où vous pourrez exercer vos talents de jardinier.
Voici donc l'<u>idéal</u> endroit <u>idéal</u> pour oublier la <u>grise</u> banlieue <u>grise</u> où vous résidez aujourd'hui.
Je suis à votre disposition pour vous le faire visiter dès que vous serez libre.
Cordialement,
Richard N'Guyen, responsable d'agence

UNITÉ 4

8 Commentez ce qui s'est passé à partir des dessins et des adjectifs suivants.

1 violent – grand – arraché – dernier

_____
_____
_____
_____

2 beau – agréable – aménagé – bruyant

_____
_____
_____
_____

GRAMMAIRE — L'accord du participe passé

9 Soulignez dans le texte les participes passés, puis classez-les dans le tableau selon qu'ils sont employés avec *être* ou avec *avoir*.

Elle confond « hôtel » et « hôtel de ville » et passe la nuit dans une mairie

Une jeune paysagiste britannique qui fait actuellement le tour des jardins et des parcs de France mais qui est peu habituée aux subtilités de la langue française, a passé la nuit de vendredi à samedi enfermée dans la mairie de Dannemarie (Haut-Rhin). Sa mésaventure a débuté vendredi soir. La jeune femme s'est arrêtée à Dannemarie pour y passer la nuit. Elle a lu « hôtel de ville » écrit sur la mairie très fleurie et l'a prise pour « un hôtel ».

Le maire de cette localité a expliqué qu'il y avait une réunion de responsables d'associations à la mairie ce soir-là. En sortant, personne ne l'a ni vue ni entendue et ils ont fermé à clef la porte derrière eux.

Lorsque l'infortunée touriste s'est retrouvée enfermée dans le bâtiment, elle a allumé les lumières afin d'attirer l'attention, mais dehors, personne ne l'a remarquée.

Pour appeler au secours, elle a attaché sur la vitre de la porte de la mairie une affiche, qu'elle a rédigée dans un français très maladroit. Elle s'est ensuite endormie, épuisée, sur les fauteuils disposés dans le hall d'accueil.

Samedi vers 09 h 00, une pharmacienne a vu l'affiche que la jeune femme avait collée et a donné l'alerte. L'adjointe du maire est arrivée dix minutes plus tard pour la libérer.

Malgré son français hésitant, la touriste a pu expliquer sa mésaventure. On lui a conseillé plusieurs chambres d'hôtes et celle qu'elle a choisie n'est pas très loin de la mairie !

D'après l'AFP, 24 août 2009

Participes passés employés avec *être*	Participes passés employés avec *avoir*	
	qui ne s'accordent pas avec le sujet	qui s'accordent avec le complément quand celui-ci est placé avant le verbe

10 Accordez le participe passé quand c'est nécessaire.

– Qu'est-ce que tu as fait hier Claudia ?

– Grâce à une affiche que j'ai vu......... dans le métro, hier je suis allé......... à Paris Plages avec deux copains. Nous nous sommes bien amusé......... . La liste des activités que nous avons essayé......... est longue. Je me suis baigné......... et j'ai fait......... de l'aqua-gym. Marc et Aline ont joué......... à la pétanque, puis Marc a essayé......... des appareils de musculation et Aline a peint......... une jolie aquarelle, mais, malheureusement, elle l'a oublié......... dans le métro au retour. Nous sommes ensuite allé......... à un concert de jazz tous les trois et nous avons dansé......... pendant plusieurs heures. Le soir, on a dîné......... au bord de la Seine !

11 Réécrivez le texte au passé composé.

> La deuxième édition de *L'Été du canal de l'Ourcq* se déroule en Seine-Saint-Denis et permet aux touristes et aux Franciliens de pratiquer différents sports nautiques. Ils partent en croisière, assistent à des projections de films, participent à des visites culturelles et à des concerts. Chaque dimanche après-midi, des « bals barges » leur offrent la possibilité de retrouver la tradition des guinguettes au bord de l'eau. On les rencontre à Noisy, Bobigny, la Villette, Pantin. Les nouveautés qui s'offrent aux Franciliens sont nombreuses cette année. Parmi elles, on trouve les parcours de cinéma le long du canal où un comédien joue le guide sur les nombreux lieux de tournage autour du canal de l'Ourcq.

VOCABULAIRE

12 Associez les mots et leurs définitions.

1 le hameau — c petit groupe de maisons situé à l'écart d'un village ✓
2 l'arrondissement — h division administrative de certaines grandes villes ✓
3 le bidonville — e logements faits de tôles où habitent des gens pauvres ✓
4 le quartier — b partie d'une ville ayant une certaine unité ✓
5 la mégalopole — a agglomération urbaine très importante ✓
6 la capitale — d ville principale où se trouve le gouvernement ✓
7 le village — f ensemble d'habitations à la campagne regroupées autour d'une mairie ✓
8 une HLM — g grand immeuble dont les appartements sont loués à des prix peu élevés ✓

13 Barrez l'intrus.

1 ouverture – ~~accès~~ – fermeture
2 (horaires) – tarifs – réductions
3 (sortie) – festival – manifestation
4 guide – visite – (clôture)
5 pique-nique – restauration – (formules)
6 coordonnées – (accueil) – adresse

14 Trouvez les verbes qui correspondent aux dessins illustrant les activités proposées à Paris Plages.

dormir – ~~bronzer~~ – ~~discuter~~ – draguer – danser – ~~faire de la peinture~~ – ~~faire du sport~~ – ~~lire~~ –
~~se baigner~~ – se reposer – se faire masser – ~~boire~~ – ~~écouter de la musique~~ – s'ennuyer – écrire – jouer

1 boire ✓
2 se baigner ✓ 
3 discuter ✓ 
4 bronzer ✓ 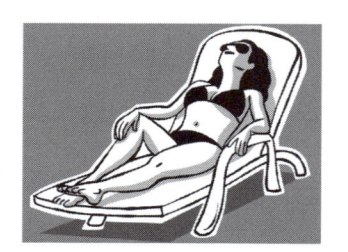
5 lire ✓ 
6 faire de la peinture ✓ 
7 danser ✓ 
8 écouter de la musique ✓ 
9 faire du sport ✓

COMPRENDRE

15 Canicule

J'ouvris la porte-fenêtre. 1er août. La rue de la République était déserte. Lyon s'était vidé en un jour et une nuit. Personne. J'aurais pu me croire seul au monde.

Je fis un pas sur le balcon. On ne pouvait d'ailleurs guère en faire plus. Avait-on même le droit de parler de balcon ? Une petite avancée de rien, un semblant de balcon. À gauche, un peu de terre, venue on ne sait d'où. Sur cette terre avaient fini par pousser trois brins d'herbe pour l'heure roussis[1]. Rien de commun avec les vastes étendues naturelles qui existent, telles que plaines et plateaux. Pourtant, sur cette petite surface de ciment, contre ces barreaux rouillés, on voyait mieux le monde que d'une simple fenêtre, si d'aventure[2] l'envie prenait de le voir.

Je restai une vingtaine de secondes sur le semblant de balcon, tournant la tête de tous côtés et roulant des yeux comme un chien fautif. Nulle présence humaine dans l'artère[3] piétonne jusqu'à l'Opéra. Nulle non plus côté place de la République toute proche.

À quelques mètres près, je devais habiter le centre exact de la ville, dans le quartier de l'Hôtel-Dieu, hôpital où j'avais vu le jour trente-six ans plus tôt.

Le ruissellement de la fontaine sur la place suscitait des rêves de fraîcheur et de légèreté. Hélas, la chaleur effroyable, cette chaleur malsaine, meurtrière des villes en climat continental, qui battait tous records cet été-là à Lyon, n'en accablait que plus, une chaleur à mourir, soixante-dix degrés à l'ombre au bas mot[4]. En plein soleil, impossible de savoir, personne n'aurait eu le courage d'aller déposer un thermomètre en plein soleil, ni à coup sûr d'en revenir. Et les thermomètres eux-mêmes regagnaient l'ombre en couinant[5].

Le ciel éblouissait où qu'on le regardât. Quant au soleil ! Que Dieu nous délivre du soleil, me dis-je en rentrant, fermant la porte-fenêtre, tirant l'épais rideau de velours sombre, que Dieu nous délivre du soleil ! Ma chemise blanche déjà trempée s'était trempée doublement. Il s'ensuivait quand je faisais certains mouvements des bruits clapotants[6] et visqueux[7], ténus[8], mais bel et bien clapotants et visqueux.

René Belletto, *L'Enfer*, © P.O.L., 1986.

1. *Roussis* : légèrement brûlés. 2. *D'aventure* : par hasard. 3. *Artère* : rue.
4. *Au bas mot* : au moins. 5. *En couinant* : en poussant de petits cris.
6. *Clapotants* : semblables à ceux que font les petites vagues.
7. *Visqueux* : collants. 8. *Ténus* : légers.

1 Lisez le texte p. 41 et complétez, quand c'est possible, la fiche signalétique du narrateur ou de la narratrice.

Nom : _____
Prénom : _____
Âge : 36 ✓
Profession : _____
Adresse : rue de la République
Code postal : _____
Ville : Lyon ✓
Pays : France

Sexe : ☒ M ✓ ☐ F
Lieu de naissance : Lyon ✓
Lieu d'habitation :
☒ ville ✓
☐ campagne
Type de logement :
☒ appartement ✓
☐ maison

2 Lisez à nouveau le texte.

a Relevez les phrases, les expressions ou les mots qui évoquent :

1 l'absence de vie humaine : _____

2 la chaleur : _____

3 la luminosité : _____

4 la petitesse du balcon : _____

5 l'emprisonnement : _____

6 la nature : _____

b Relevez dans le texte les mots équivalant aux expressions suivantes :

1 le flot d'un ruisseau : _____
2 provoquait : _____
3 épouvantable : _____
4 nuisible à la santé : _____
5 criminelle : _____
6 pesait lourd : _____
7 brillait trop fort : _____

c Indiquez quelle impression générale se dégage du texte.

_____

42 | *quarante-deux*

ÉCRIRE

16 Grand concours

Vous avez décidé de participer au concours « Plaisir de lire », organisé par le magazine Mix-Cité. Rédigez une description de votre lieu de vie en 120 mots.

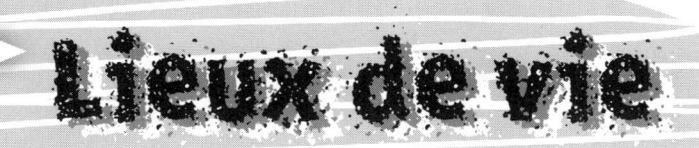

Concours Plaisir de lire Mix-Cité

Lieux de vie

Que vous habitiez en ville ou à la campagne, en HLM ou dans une villa, en France ou à l'étranger, faites-nous une description de votre lieu de vie à la fois originale et très personnelle.

Adressez votre description, manuscrite ou dactylographiée,
avant le 1er septembre à :
Concours Plaisir de Lire – Mix-Cité 11, place d'Orbigny, 75012 Paris.

Les lauréats, choisis par un jury d'écrivains et de personnalités littéraires, seront publiés dans notre magazine début octobre.

17 Rénovons

Vous faites partie de l'Association de rénovation de votre quartier. On vous demande de rédiger un article de 120 mots pour le journal local sur les idées que vous aimeriez mettre en place pour améliorer le cadre de vie de ce quartier (transports, éclairage urbain, nuisances sonores, écoles, restauration de bâtiments, etc.).

18 Paris Plages

Vous êtes allé(e) à Paris Plages et vous décrivez votre expérience (activités, impressions) dans une lettre adressée a un(e) ami(e) en vous aidant de la leçon 15 p. 48 du livre de l'élève. (120 mots)

UNITÉ 5
Changer de vie

GRAMMAIRE — **Les adjectifs indéfinis**

1 **Soulignez les adjectifs indéfinis dans le texte ci-dessous. Puis classez-les dans le tableau.**

Cette année, 16 % des entreprises ont été créées par des personnes de plus de cinquante ans. Certains quinquagénaires ont choisi de quitter leur emploi pour se lancer dans l'aventure. 50 000 d'entre eux ont décidé de devenir leur propre patron en 2009, car la plupart n'ont plus aucune contrainte familiale et leurs divers crédits sont remboursés.
Chaque senior interrogé affirme ne pas regretter cette nouvelle étape de leur vie.
Différents sociologues ont analysé le phénomène et sont parvenus aux mêmes conclusions. Plusieurs nouveaux créateurs d'entreprise placent la transmission des savoirs et des compétences aux plus jeunes au premier plan de leurs motivations. Quelques seniors accomplissent un vieux rêve en lançant leur propre compagnie et deviennent ainsi plus indépendants. Tous les quinquagénaires disent se sentir beaucoup plus heureux que dans leur jeunesse.

Indétermination sur l'identité	Idée de quantité	Idée de similitude ou de différence

2 **Commentez le sondage ci-contre en utilisant *plusieurs*, *quelques*, *tous* et *aucun*.**

Exemple : *Plusieurs quinquagénaires ont divorcé une fois.*

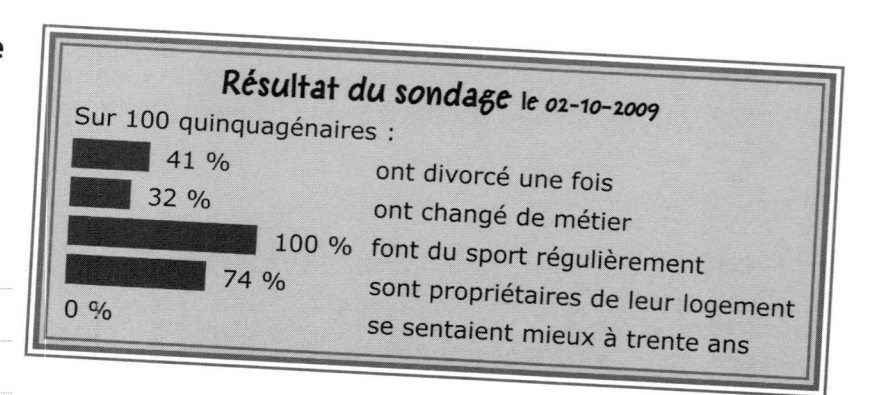

Résultat du sondage le 02-10-2009
Sur 100 quinquagénaires :
- 41 % ont divorcé une fois
- 32 % ont changé de métier
- 100 % font du sport régulièrement
- 74 % sont propriétaires de leur logement
- 0 % se sentaient mieux à trente ans

3 Complétez les phrases avec *certain(e)s* et *n'importe quel(le)*.

1 Il est capable de faire _____ dépense pour avoir l'air plus jeune.

2 _____ personnes vont chaque jour dans des salles de gym pendant plusieurs heures et pratiquent _____ sport.

3 _____ quinquagénaires ne veulent plus occuper _____ emploi, ils souhaitent avant tout s'épanouir.

4 _____ seniors ont des familles recomposées.

4 Complétez le dialogue ci-dessous avec l'adjectif indéfini qui convient. Plusieurs réponses sont parfois possibles.

– Pour vous maintenir en forme, est-ce que vous faites du jogging _____ jour ?

– Non, _____ les deux jours.

– Avez-vous eu _____ problèmes de santé récemment ?

– Non, je n'ai eu _____ ennui avec ma santé à part _____ petits rhumes chaque hiver.

– _____ médecins affirment que _____ senior peut devenir centenaire. Il suffit de manger _____ fruits et légumes par jour et de pratiquer _____ sports.

– Oui, ce sont toujours les _____ conseils...

GRAMMAIRE — L'expression de l'hypothèse

5 Conjuguez les verbes entre parenthèses au conditionnel présent.

Exemple : Que _____ (faire)-vous si vous gagniez 5 millions d'euros au loto ?
→ Que **feriez-vous** si vous gagniez 5 millions d'euros au loto ?

1 Phildu. Je _____ (voyager).

2 Gégé. Je _____ (payer) mes dettes, j' _____ (inviter) mes amis au restaurant et, ensuite, je _____ (passer) mon permis de conduire.

3 Dédé. Moi j' _____ (effectuer) un don de 2 millions pour la recherche sur le cancer (ma mère en est morte). Ensuite, j' _____ (aller) en Égypte, mon rêve, et je m' _____ (acheter) une petite maison dans le sud de la France...

4 Manu. Je _____ (faire) des dons à plusieurs associations, à ma famille et à mes meilleurs amis... et bien sûr j' _____ (arrêter) de travailler, mais surtout je _____ (rester) discret.

5 Minou. Je _____ (créer) une entreprise. Ce _____ (être) un bon moyen d'assurer un emploi à toute ma famille et de garder notre patrimoine... non ?? et puis j'en _____ (garder) un petit peu pour mes sorties.

6 Flo. Moi je _____ (donner) tout à mes proches, je _____ (partir) en vacances quand j'en _____ (avoir) envie, je m' _____ (offrir) une grande piscine, puis j' _____ (aider) tous les gens qui sont dans le besoin et, enfin, je m' _____ (investir) dans des associations.

6 Répondez aux questions ci-dessous en choisissant un des verbes proposés.

Comment réagiriez-vous… :

Exemple : …si vous assistiez à un accident de voiture ? (*fermer les yeux – courir pour prêter assistance – appeler des secours*)
→ *Si j'assistais à un accident de voiture, j'appellerais des secours.*

1 …si vous receviez une lettre de menaces ? (*avoir peur – être amusé – être en colère*)

2 …si un inconnu vous invitait au restaurant ? (*accepter – refuser poliment*)

3 …si vous receviez plusieurs caisses de bouteilles de vin par la poste ? (*en ouvrir une tout de suite – les renvoyer – les mettre à la cave*)

4 …si quelqu'un que vous connaissez peu vous demandait 200 euros ? (*ignorer sa demande – dire « désolé je n'ai pas d'argent » – offrir une plus grosse somme*)

7 Vous habitez à Courçay. Vous écrivez à un ami pour lui expliquer ce qui serait différent si l'association « Vivre ensemble à Courçay » n'existait pas. Lisez l'article et continuez la lettre.

VIVRE ENSEMBLE À COURÇAY :
pour le bien de tous !

Grâce à l'association *Vivre ensemble à Courçay*, la vie des habitants du paisible village de Courçay a beaucoup changé. Un groupe d'habitants dynamiques de tous les âges a su redonner vie à cet endroit charmant mais un peu trop paisible. Voici les initiatives qui se sont concrétisées depuis que l'association a été créée :

- un jeune boulanger s'est enfin installé avec sa famille ;
- une salle est prêtée par la mairie pour que les habitants se retrouvent autour de jeux de société ;
- l'école a ouvert une nouvelle classe pour les enfants de primaire ;
- chaque famille parraine un ancien du village et s'engage à lui rendre visite au moins une fois par semaine ;
- une aire de pique-nique a été aménagée au bord de la rivière ;
- les jeunes du village ont organisé une collecte pour envoyer des médicaments dans un pays du tiers-monde.

Il est aussi prévu d'installer une guinguette au bord de l'eau et de créer un club de canoë l'été prochain. Tout ceci grâce aux membres très actifs de cette association.

Si l'association « Vivre ensemble à Courcay » n'existait pas,

8 Observez les photos ci-dessous. Comment réorganiseriez-vous votre vie si vous habitiez dans ces lieux ?

1 ....

2 ....

GRAMMAIRE — Le conditionnel passé

9 Lisez les phrases et indiquez si elles expriment un regret ou un reproche.

	Regret	Reproche
1 Nous n'aurions pas dû ouvrir quatre chambres d'hôtes.	❏	❏
2 Tu aurais pu m'en parler.	❏	❏
3 Hier, j'aurais mieux fait d'aller à la piscine.	❏	❏
4 Il aurait fallu demander des subventions.	❏	❏
5 J'aurais aimé recevoir vos conseils.	❏	❏
6 Tu n'aurais pas dû abandonner ce projet au bout d'un an !	❏	❏

10 Faites des phrases exprimant l'hypothèse non réalisée, comme dans l'exemple.

Exemple : J'ai pu acheter cette maison. J'ai fait un gîte.
→ *Si j'avais pu acheter cette maison, j'aurais fait un gîte.*

1 Je suis rentrée en France. J'ai trouvé du travail.

2 Mes amis m'ont invitée. Je suis partie avec eux en vacances.

3 Tu as bu trop de vin. Tu as eu mal à la tête.

_____

4 Nous avons eu un financement. Nous avons ouvert notre propre entreprise.

_____

11 **Conjuguez les verbes entre parenthèses au conditionnel passé. Puis indiquez s'ils expriment un regret, un reproche ou une hypothèse non réalisée.**

	Regret	Reproche	Hypothèse non réalisée
1 Si j'avais été mieux informé, je _____ (adhérer) à cette association pour la défense du patrimoine.	❏	❏	❏
2 Il _____ (falloir) s'organiser mieux au départ.	❏	❏	❏
3 Tu _____ (devoir) lui interdire de sortir seule le soir !	❏	❏	❏
4 Il _____ (vouloir) être sculpteur.			
5 Vous _____ (pouvoir) transformer votre maison en gîte au lieu de la vendre.	❏	❏	❏
6 Si elles avaient pu, elles _____ (aller) vivre en Irlande.	❏	❏	❏

12 **Associez les phrases et les réactions qu'elles suscitent. Plusieurs réponses sont parfois possibles.**

1 Rien ne marche depuis qu'elle vit à New York.
2 Mes amis n'ont pas compris ma décision de partir.
3 Elle a détesté vivre là-bas !
4 Je ne peux pas croire ça ! Tu as donné ta maison à ta fille !
5 Ta fille a transformé ton ancienne maison en gîte !
6 Je ne comprends pas du tout pourquoi tu n'as pas gardé ta maison pour ta retraite !

a Si j'avais été plus visionnaire, je l'aurais gardée pour moi.
b Si j'avais su ce qui m'attendait, je n'aurais pas quitté la France !
c Si elle avait su, elle ne serait pas partie !
d Elle aurait dû m'en parler, je lui aurais expliqué comment s'y prendre.
e Oui, si j'avais reçu tes conseils plus tôt, je ne l'aurais pas fait !
f Elle n'aurait vraiment pas dû s'expatrier !

1	2	3	4	5	6
c – f					

13 Imaginez les regrets et les hypothèses non réalisées que pourraient avoir les personnes suivantes.

Exemple : Un étudiant qui a refusé de partir en programme *Erasmus*.
→ ***J'aurais dû*** *partir à l'étranger. Si j'avais été mieux informé,* ***je serais parti*** *avec le programme* Erasmus.

1 Une personne qui a vendu sa maison de campagne.

2 Un homme qui a subi une opération de chirurgie esthétique.

3 Une femme qui a arrêté de travailler à la naissance de son troisième enfant.

VOCABULAIRE

14 Cochez la définition qui convient à chacune de ces expressions.

1 la quinquattitude : a ❑ l'attitude positive des quinquagénaires
   b ❑ l'attitude négative des quinquagénaires

2 recommencer sa vie : a ❑ fonder une deuxième famille
   b ❑ guérir après une longue maladie

3 une famille recomposée : a ❑ une famille dont tous les enfants ne sont pas frères et sœurs
   b ❑ une famille très polie

4 l'allongement de l'espérance de vie : a ❑ la tendance à vivre plus longtemps
   b ❑ l'espoir de vivre plus longtemps

5 être en pleine forme : a ❑ être jeune
   b ❑ être en bonne santé

6 ne pas faire son âge : a ❑ faire plus vieux que son âge
   b ❑ faire plus jeune que son âge

7 paraître plus jeune : a ❏ faire plus jeune que son âge
             b ❏ vouloir être plus jeune

8 de bonnes habitudes de vie : a ❏ les habitudes quotidiennes
                b ❏ une vie saine

9 les marques visibles du temps : a ❏ les rides, les cheveux blancs...
                 b ❏ le calendrier

10 la chirurgie esthétique : a ❏ la pratique d'opérations chirurgicales dans le monde artistique
              b ❏ la pratique d'opérations chirurgicales qui permettent d'améliorer l'apparence physique

15 Complétez les phrases à l'aide des expressions vues dans l'exercice précédent. Effectuez les transformations nécessaires.

la quinquattitude – recommencer sa vie – une famille recomposée – l'allongement de l'espérance de vie – être en pleine forme – ne pas faire son âge – paraître plus jeune – de bonnes habitudes de vie – les marques visibles du temps – la chirurgie esthétique

1 C'est ta mère, je croyais que c'était ta sœur, elle _____ et _____ .

2 Pour rester jeunes plus longtemps, il suffit d'avoir _____ .

On peut ainsi _____ pendant de longues années.

3 Certaines personnes préfèrent cependant avoir recours à _____

pour effacer _____ .

4 Après son divorce, elle a réussi à _____ .

5 Elle a deux enfants et son compagnon en a trois, ils forment ainsi ce qu'on appelle une _____ .

6 Depuis cinquante ans, _____ est considérable. Cela explique

l'attitude nouvelle des quinquagénaires, qui vivent d'une toute autre manière, c'est _____ .

16 Complétez la grille de mots à l'aide des définitions.

1 personne ayant entre 40 et 49 ans

2 paraître de plus en plus jeune

3 possessions (maison, voiture, économies...)

4 convenir aux goûts de quelqu'un

5 action de trop fumer

COMPRENDRE

17 Les quinquas et le nomadisme

Les quinquas et plus se laissent séduire par les camping-cars et le nomadisme.

Depuis quelques temps déjà, les fabricants de camping-cars américains s'aperçoivent que les jeunes retraités n'hésitent plus à vendre leur maison pour prendre la route et visiter les États-Unis ou plus pratiquement, pour partir à la recherche de leur prochain lieu de vie, indique un récent article du quotidien américain *Home News Tribune*.

Avec l'arrivée à l'âge de la retraite des personnes nées après 1945, la France est entrée dans la génération « Papy-boomer » ! Des sexagénaires actifs et dynamiques qui ont décidé de consommer et de bouger. Les spécialistes du marketing ont ainsi vu apparaître dans leur viseur une nouvelle cible à séduire. Magazines, émissions de télévision, habillements... rares sont les secteurs de l'économie qui ne cherchent pas à séduire nos joyeuses têtes grises. Le tourisme et les loisirs ne dérogent pas à la règle. Les professionnels ont bien compris l'intérêt de « faire de l'œil » à une telle clientèle.

Ces nouveaux oiseaux migrateurs ont vendu leurs maisons, acheté une caravane ou un camping-car et sont partis à la découverte du monde ou ont fait le choix de se fixer en bord de mer au soleil.

L'esprit du camping est fait de chaleur, de simplicité, de fraternité et d'échanges entre les campeurs. Ce mode de vie attire chaque année plus d'adeptes et, de plus en plus, des retraités considèrent le camping comme une véritable résidence secondaire et s'y installent pour toute la belle saison.

De nombreux retraités français affluent vers le Maroc pour passer l'hiver au chaud sous le soleil d'Agadir. D'ailleurs, d'après le magazine *Capital*, beaucoup s'installent au sud du Maroc en achetant leurs maisons, car avec une pension de retraite la vie reste assez dure en France surtout quand cette pension n'est pas très conséquente. Donc, à l'approche du froid, ils préfèrent quitter la grisaille du nord de la France et s'acheminer vers le Maroc pour profiter du faible coût de la vie, de la tranquillité et du soleil en plus... D'ailleurs le gouvernement marocain étudie une proposition de loi pour alléger les taxes sur les retraités étrangers entrant au Maroc et permettre de favoriser l'intégration de ces « émigrés » d'un nouveau genre.

Quelques 2 400 retraités de diverses nationalités européennes s'étaient installés en 2005 avec leurs camping-cars dans un « un coin sauvage de toute beauté » proche du village de Tagahzout, à 17 km d'Agadir, rapporte le journal français *Le Monde*. « Dans ce lieu presque mythique, il y avait une marée de caravanes qui s'étalaient sur les dunes sur 5 ou 6 kilomètres. »

L'un d'eux, un Français, témoigne : « Nous avons choisi Tamraght, car c'est un village tranquille à 150 mètres du bord de mer sans les contraintes de la ville. De plus, les locations sont moins chères que sur Agadir et, de manière générale, le coût de la vie est moins coûteux. Globalement, le niveau de vie là-bas est avantageux. Avec 1 200 euros, on vit très bien. Le pain est à 10 centimes d'euros et le tarif horaire d'une femme de ménage est à 1,50 euro ! »

Les Anglais et les Allemands préfèrent l'Espagne, Mallorca et la Costa Dorada, certains petits villages espagnols sont devenus des Quartiers Généraux de retraités nordiques.

D'après *www.habiter-autrement.org*

UNITÉ 5

1 Lisez l'article p. 51.

a Cochez les affirmations exactes.

Certains jeunes retraités français…
1 ❏ visitent les États-Unis.
2 ❏ vendent leurs maisons.
3 ❏ achètent des camping-cars.
4 ❏ voyagent dans le monde entier.
5 ❏ font du camping l'été.
6 ❏ émigrent à Agadir.
7 ❏ passent tous les hivers au Maroc.
8 ❏ paient moins de taxes au Maroc.
9 ❏ vivent très bien avec 1 200 euros.
10 ❏ vont vivre en Espagne.

b Associez les titres ci-dessous aux paragraphes du texte qui correspondent.

Paragraphe 1 • • a Les jeunes retraités prennent la route.
Paragraphe 2 • • b Pourquoi immigrer dans un petit village plutôt qu'une grande ville comme Agadir ?
Paragraphe 3 • • c Les nouveaux nomades
Paragraphe 4 • • d Le spleen des retraités migrateurs d'Agadir
Paragraphe 5 • • e Seniors : les nouveaux actifs du tourisme

2 Lisez à nouveau l'article.

a Retrouvez les mots ou expressions qui correspondent aux expressions suivantes (elles suivent l'ordre du texte).

1 futur endroit d'habitation : _____
2 personnes dynamiques d'une soixantaine d'années : _____
3 public visé : _____
4 seniors : _____
5 appliquent cette norme : _____
6 essayer d'attirer quelqu'un : _____
7 partisans, disciples : _____
8 maisons de vacances : _____
9 arrivent en grand nombre : _____
10 rendre plus léger : _____
11 rendre favorable : _____
12 surprenant : _____
13 occasionnant beaucoup de dépenses : _____

b Relevez les expressions associées :

1 au nomadisme des quinquas : _____

2 au spleen des nouveaux retraités : _____

3 Retrouvez à quel passage du texte les deux témoignages ci-dessous correspondent.

a « Ici, on a le moral. Nous avons noué des amitiés solides au cours des ans et nous sommes souvent invités dans des familles marocaines, à l'occasion de l'Aïd, notamment… Et, si un jour on doit se retrouver en chaise roulante, on sera sûrement plus heureux au soleil d'Agadir que dans la grisaille de Lille ou de Brest… »

→ l. _____ à _____

b « Chacun est prêt à donner un coup de main. Les amitiés se forgent ainsi facilement d'une année sur l'autre entre des personnes que tout oppose en temps normal. On s'invite à l'apéro. On partage une belote quand il pleut et une pétanque quand le soleil est là ! On se retrouve au bloc sanitaire pour la vaisselle ou la toilette. »

→ l. _____ à _____

ÉCRIRE

18 Bien vieillir

Président(e) de l'association « Jeune à 50 ans », vous êtes sollicité(e) par un magazine pour rédiger un article qui expliquera comment bien vieillir. Écrivez un article de 200 mots environ.

19 Journaliste au Sénégal

Bien que n'ayant aucune expérience dans ce domaine, vous souhaitez faire un stage de journalisme au Sénégal avec l'association humanitaire *Projects Abroad**. Rédigez une lettre de candidature de 140/160 mots en vous inspirant de la lettre p. 61 leçon 20 du livre élève.

* *Projects Abroad* est une association internationale qui propose des missions de volontariat humanitaire et écologique. La branche française a été créée en février 2006 à Grenoble.

UNITÉ 6

Entre la poire et le fromage

GRAMMAIRE — **Les constructions impersonnelles**

1. **Soulignez les expressions exprimant des recommandations ou des obligations dans le forum ci-dessous. Puis classez-les dans le tableau.**

---

http://www.infostravail.fr

Forum > Ouverture de chambres d'hôtes

CLAUDINE, LE 24 SEPT 2009 À 11:45:36

> Bonjour,
> Nous possédons une grande maison en Touraine et souhaiterions en transformer une partie en chambres d'hôtes. Pouvez-vous nous conseiller ou nous indiquer la démarche à suivre ?

POSER VOTRE QUESTION   **RÉPONDRE**

Laurent, le 24 sept 2009 à 18:02:23
Il faudrait que vous demandiez conseil à des personnes qui ont déjà ouvert une chambre d'hôtes dans votre région.

Agathe, le 24 sept 2009 à 22:18:12
Faites des démarches auprès de votre office du tourisme local pour vous assurer que le marché n'est pas saturé. Beaucoup de gens ont la même idée que vous…

Yves, le 25 sept 2009 à 13:46:09
Vous devez bien vous renseigner sur les aménagements à apporter avant de vous lancer.

Rémy, le 25 sept 2009 à 20:15:56
Il est vital que vous consultiez un organisme de gîtes pour vérifier la conformité de votre projet. Et il faut absolument que vous fassiez des demandes de subventions pour vous en sortir financièrement.

Colin, le 26 sept 2009 à 08:23:42
Il vaut mieux que vous soyez sûrs de vous avant de commencer car je vous assure qu'être propriétaire de chambres d'hôtes n'est pas facile. Je parle en connaissance de cause !

Jeanne, le 27 sept 2009 à 16:48:09
Il est important que vous déclariez l'ouverture de vos chambres dans votre mairie sinon vous pouvez payer une amende. Bonne chance !

Virginie, le 28 sept 2009 à 12:25:36
Réfléchissez-bien… Il est préférable que vous soyez disponible presque 24 heures sur 24 et je vous assure que c'est très prenant. Mes parents ont arrêté au bout de 5 ans car notre vie de famille en souffrait beaucoup.

Recommandation	Obligation

2

a) Complétez les phrases ci-dessous avec les expressions qui conviennent. Plusieurs réponses sont possibles.

il faut – épluchez – il vaut mieux – prévoyez – vous devez – rincez – il est important – faites – il est indispensable – utilisez

Petites astuces indispensables en cuisine !

✎ Pour éviter de pleurer en épluchant ou en coupant des oignons, _____ les mettre deux heures au réfrigérateur. _____ -les ensuite sous l'eau courante.

✎ Lorsque la mayonnaise ne prend pas, _____ mettre un jaune d'œuf dans un autre bol et incorporer doucement la mayonnaise ratée.

✎ Pour cuisiner avec une cocotte-minute, _____ de ne pas la remplir.

✎ Pour dessaler des anchois, _____ de les faire tremper dans du lait durant 3 heures avant leur préparation.

✎ Pour redonner du tonus à une laitue ou une salade fanée, _____ -la tremper dans de l'eau chaude pendant un bon quart d'heure, _____ -la à l'eau froide et _____ -la rapidement.

b) Proposez à votre tour une astuce que vous utilisez souvent en cuisine.

....
....

3

Vous donnez des conseils à quelqu'un qui veut changer de métier et devenir sommelier.

a) Utilisez *devoir* + infinitif et l'impératif dans chacune des phrases comme dans l'exemple. Puis continuez avec des conseils de votre choix.

Exemple : Réfléchir à ses motivations. → *Vous **devez réfléchir** à vos motivations.* → ***Réfléchissez** à vos motivations.*

1 Faire un stage dans un grand restaurant et observer ce qui s'y passe.

....

2 Analyser ses réactions, ses observations.

....

3 Essayer de se mettre dans la peau d'un de ses collègues.

....

4 Établir des comparaisons entre son poste actuel et celui qu'on souhaite obtenir pour pouvoir décider en toute objectivité.

....

5 ....
6 ....
7 ....
8 ....

b) Utilisez comme dans l'exemple les constructions impersonnelles suivantes :
Il faut / faudrait / vaut mieux que + subjonctif ou *Il est* + adjectif + *de*.
Puis continuez avec des conseils de votre choix.

Exemple : Choisir un restaurant de renom pour peser le pour et le contre.
→ *Il faut / faudrait / vaut mieux que vous choisissiez* un restaurant de renom pour peser le pour et le contre.
→ *Il est* important *de* choisir un restaurant de renom pour peser le pour et le contre.

1 Ne pas démissionner de son poste actuel avant d'être certain de son choix.

2 Penser à sa vie personnelle, laquelle pourrait souffrir des nouveaux horaires.

3 Discuter de cette décision avec ses proches.

4

5

6

GRAMMAIRE — Les procédés de substitution

4 a) Lisez l'article et relevez le (ou les) terme(s) de substitution qui désigne(nt) :

1 l'autocuiseur :

2 la cocotte :

3 les deux objets :

UN AMOUR DE COCOTTE

L'autocuiseur en inox face à la cocotte en fonte. SEB contre Le Creuset. Le poids des métaux, le choc des cultures. Les deux engins s'affrontent dans les rayons des magasins avec un très net avantage pour la siffleuse, celle qui cuit au sprint et siffle à l'arrivée. La mijoteuse, celle qui prend son temps, arrive loin derrière mais les connaisseurs la préfèrent. La Cocotte-Minute cuit sous pression, dans le secret le plus absolu, jusqu'à la fin du temps réglementaire. Aucun contact avec l'extérieur. Par principe, les communications sont coupées. Tu visses, je cuis. Je lâche la vapeur, tu dévisses. La conversation reste limitée avec cette machine à soupape.

La cocotte en fonte appartient à un monde où l'on prend son temps. Ronde ou ovale, elle pèse son poids. En plus, elle cause, réclamant sa dose d'huile d'olive, exigeant le feu à sa convenance, n'hésitant pas à protester. La fumée monte, le fond noircit, la viande attache. La cocotte pique sa colère. Elle aime démarrer à feu vif pour se mettre à la bonne température. Elle crie son désir de rôtir. Vous posez le couvercle pour lui laisser une ouverture de quelques centimètres. Là, elle chante.

Vous comprendrez que la fréquentation assidue d'une telle cocotte suscite des sentiments. La mienne s'appelle Louise et je l'aime.

D'après J.-P. Géné,
Le Monde 2, 18-19 juillet 2004.

b) Classez les termes de substitution dans le tableau ci-dessous.

Synonymes	Pronoms personnels	Pronoms relatifs	Adjectifs possessifs ou démonstratifs	Pronoms possessifs ou démonstratifs	Pronoms indéfinis

5 Lisez la carte postale et relevez tous les termes qui désignent le vin.

> Cher André,
> En me promenant avec Laure, je suis tombé sur un prunellier. Elle m'a dit qu'on peut en faire une boisson alcoolisée nommée vin d'épine ou encore épinette. Est-ce que c'est ce qu'on appelle chez nous la troussepinette ? C'est cet apéritif un peu sucré dont il ne faut pas, comme de toutes les bonnes choses, abuser ? Dis-moi ce que tu en penses. Je te le ferai goûter en rentrant.
> Amitiés,
> Norbert

Monsieur André Plat
1, rue des Bois
79000 Niort

6 Décrivez les dessins sans employer le nom de la boisson ou de l'aliment. Utilisez des moyens de substitution comme dans l'exemple.

Exemple :
le vin
→ *C'est un liquide alcoolisé. On le boit en mangeant ou seul. Je le préfère rouge, mais il en existe d'autres couleurs.*

le sucre

1 ......

la pomme

2 ......

7 Cochez, pour chaque phrase, la réponse correcte.

1 C'est quand même incroyable ! Tout le monde a reçu son invitation pour la soirée et, moi, je n'ai toujours pas ❏ *tous* / ❏ *le nôtre* / ❏ *celles-ci* / ❏ *la mienne* !

2 Oh non ! On ne va pas retourner dans ce bistrot ! C'est vraiment ❏ *ce lieu-là* / ❏ *quelque part où* / ❏ *un endroit que* / ❏ *y* je ne supporte plus !

3 Mais si, j'ai bien aimé ce resto. Je te dis simplement que ❏ *l'autre* / ❏ *l'un* / ❏ *lequel* / ❏ *la leur* était plus original.

4 Comment sais-tu que tu n'aimes pas ça ? Manges- ❏ *y* / ❏ *en* / ❏ *les* / ❏ *ça* au moins un peu pour goûter !

5 À chaque fois que tu invites tes copains à la maison, c'est toujours ❏ *celui qui* / ❏ *certains que* / ❏ *ceux-là dont* / ❏ *le même qui* pose problème : Martial !

8 Complétez les informations sur l'huile d'olive avec les termes de substitution suivants : *elle – ce produit – ses* (2 fois) *– lui – un liquide*.

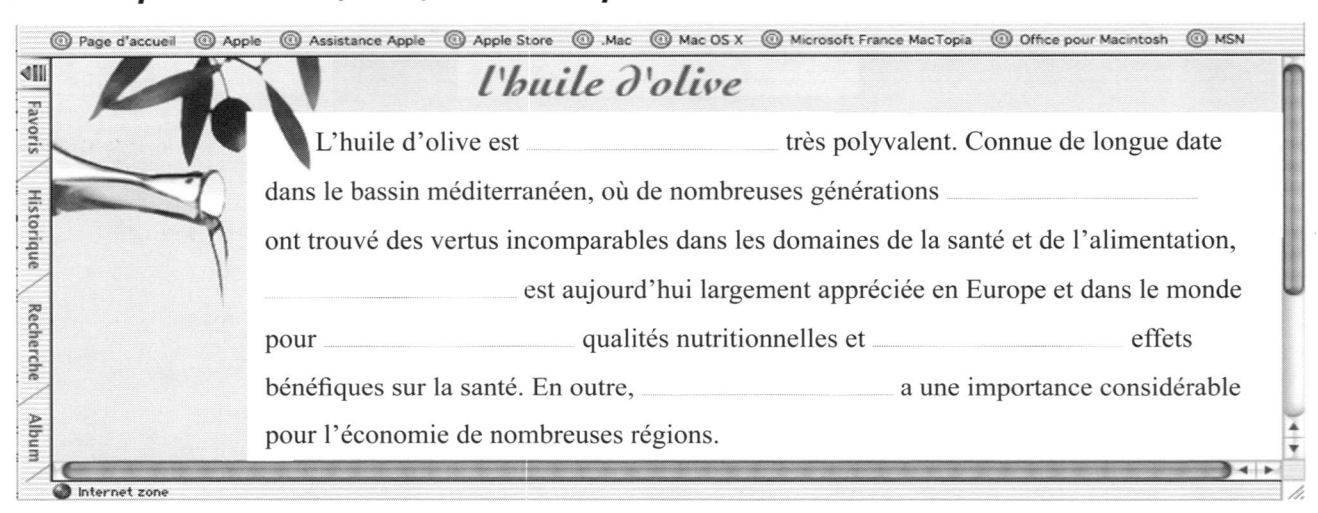

l'huile d'olive

L'huile d'olive est _____ très polyvalent. Connue de longue date dans le bassin méditerranéen, où de nombreuses générations ont trouvé des vertus incomparables dans les domaines de la santé et de l'alimentation, _____ est aujourd'hui largement appréciée en Europe et dans le monde pour _____ qualités nutritionnelles et _____ effets bénéfiques sur la santé. En outre, _____ a une importance considérable pour l'économie de nombreuses régions.

9 Complétez le texte ci-dessous avec les mots suivants : *ce, l', que, le, lui, vin des malades, il*.

Le vin de paille _____ l'on trouve dans le Jura français exhale de doux arômes de fruits et de miel. Après avoir bu, on a la bouche fraîche, onctueuse et bien équilibrée. _____ peut être servi à l'apéritif. Si néanmoins vous désirez absolument _____ marier, choisissez, par exemple, un foie gras, du fromage aux noix ou une tarte aux abricots. _____ vin de paille offre un grand potentiel de garde, pouvant aller bien au-delà de dix années. Sachez enfin que les anciens l'appelaient le « _____ » car on _____ prêtait alors certaines vertus médicinales propices au rétablissement des convalescents.

GRAMMAIRE Construire un discours

10 a) Soulignez les articulateurs, puis classez-les dans le tableau.

> Dans les séries américaines, les repas en famille sont gais, tout le monde a l'air heureux et sourit.
> Au contraire, en France, les parents paraissent débordés ou épuisés, les adolescents muets ou agressifs, tandis les jeunes enfants hurlent qu'ils détestent la nourriture ou refusent de répondre aux questions de leurs parents. Bref, tout le monde semble angoissé.

Une sociologue explique que, en effet, le repas familial français est en train de connaître une évolution très sensible. Il ne constitue plus uniquement le lieu d'acquisition de bonnes manières, mais il essaie de se transformer en forum familial. De plus, autrefois les parents menaient les discussions à table et les enfants écoutaient. Donc, quand de nos jours ils doivent lutter pour arracher trois mots à leurs enfants, ils se transforment en définitive en pionniers courageux. D'ailleurs, l'institution du brunch dominical constitue une autre tentative d'innovation de la part de ces nouveaux parents et elle permet à chacun des membres de la famille de trouver son rythme. Finalement, les ados peuvent se lever un peu plus tard et combiner café-jus d'orange en compagnie de leurs parents qui en sont déjà au saumon fumé. Tout le monde y trouve son compte.

Alors, que tout le monde se rassure, 93 % des parents interrogés en 2009 lors d'une enquête, trouvent l'ambiance de table tout à fait détendue et affirment que les repas familiaux sont l'occasion d'échanger et de plaisanter en famille ! En résumé, en donnant un statut aux enfants et aux ados et en ne les considérant plus uniquement comme de futurs adultes, on les a autorisés à donner leur mot sur ce qu'ils attendaient des repas de famille en participant à ces discussions jadis bannies.

Ajouter un argument	Exposer une conséquence	Apporter une preuve	Exprimer une idée opposée	Conclure	Résumer une idée en quelques mots

b) Décrivez le repas quotidien type d'une famille dans votre pays.

11 Associez les phrases entre elles.

1 Moi, j'aime bien cette occasion de se retrouver ensemble.

2 J'ai longtemps évité ce genre de repas.

3 J'ai trop de travail et ça m'ennuie un peu.

4 Je suis favorable à cette tradition.

5 On ne faisait pas ça chez mes parents.

6 Passer des heures à table dimanche prochain ? Non merci !

a Alors, je ne le fais pas moi non plus maintenant.

b D'ailleurs, j'ai déjà prévu autre chose.

c Aujourd'hui, au contraire, je les organise.

d En outre, cela me permet de voir mes enfants.

e De plus, ça n'arrive pas très souvent.

f Bref, je n'aime pas trop ça.

UNITÉ 6

12 Complétez les chapeaux des articles de journaux. Utilisez les articulateurs suivants :
au contraire – d'ailleurs – de plus – bref – donc.

1
Halte à l'obésité !
Dans 20 ans, 15 % de la population sera obèse ; _____ 10 % des adolescents le sont déjà !

2
Changement de comportement
Les Français consacrent moins d'une heure pour le déjeuner. _____, ils mangent très souvent des sandwichs.

3
LE FESTIVAL DES SAVEURS
Originalité, diversité et qualité des produits proposés ; _____, le rendez-vous incontournable pour tous les amateurs de bonnes choses.

4
Disparition de la salle à manger
La fréquence des repas familiaux a diminué, c'est incontestable. La salle à manger n'est plus la pièce centrale de l'appartement moderne.

5
RETOUR DES VINS D'ÉTÉ
Frais et légers, on les croyait réservés à la fête. _____, ils se boivent en toute occasion estivale. Essayez-les !

13 Transformez comme dans l'exemple avec l'articulateur qui convient.

Exemple : Les Français passent des heures à table – c'est une tradition nationale. (au contraire / en effet)
→ Les Français passent des heures à table, c'est **en effet** une tradition nationale.

1 On mange trop en général – il faut réduire les quantités. (au contraire / alors)

_____

2 Le phénomène de l'obésité progresse chez les jeunes – chez les quinquagénaires, il diminue. (au contraire / en effet)

_____

3 Ici, on se retrouve souvent autour d'une table – on ne change pas vraiment. (bref / en outre)

_____

4 Chez nous, on ne dîne pas avant 21 heures – c'est très mauvais pour la santé. (de plus / en définitive)

_____

VOCABULAIRE

14 Vous avez trouvé cette recette de cuisine sur Internet mais, bizarrement, certaines indications ne sont pas à la bonne place. Réécrivez la recette en les replaçant à la place qui convient.

FLAN DE COURGETTES
Ingrédients (pour 2 personnes)
250 ml de lait • 2 œufs •
250 g de courgettes • muscade râpée, sel, poivre
....
Ajoutez le four à 180 °C.
Versez et mettez les courgettes en dés, sans les éplucher. Faites-les cuire à la vapeur.
Mettez les courgettes dans un plat à four. Dans un saladier, préchauffez les œufs entiers, puis lavez le lait.
Battez le sel, le poivre et la muscade. Versez la préparation sur les courgettes.
Coupez au four (180 °C) pendant 30 minutes.

_____ et _____

15 Complétez l'article avec les mots suivants : *comestibles – se régaler – sac à provisions – mode d'emploi – se conservent – nourriture.*

Quand on ouvre la porte d'un frigo, c'est souvent très révélateur. Derrière cette porte, le réfrigérateur abrite bien plus que de la simple _____. Il donne des indices sur les habitudes du foyer. Un frigo rempli de bières et de pizzas peut parfois indiquer un prochain match de football entre potes ; la présence de nombreux desserts lactés celle d'enfants. On y trouve même quelquefois des denrées non _____ : médicaments, produits de beauté. Pas de quoi vraiment _____ !

Il y a aussi les frigos vides en fin de semaine et ceux où on ne voit pas grand-chose sinon des sacs en papier ou en plastique : ici, on a vidé directement le _____ dans le réfrigérateur. Grosse erreur ! On doit ranger son frigo. D'abord, pour que les aliments _____ le plus longtemps possible. Ensuite, pour voir dès l'ouverture de la porte ce que l'on va pouvoir mijoter. Le frigo a ses normes, son _____. Il devrait se laisser visiter avec plaisir et nous mettre l'eau à la bouche.

16 a) Trouvez les verbes qui manquent et complétez la grille avec leur forme infinitive.

1. C'est mauvais pour la ligne de _____ entre les repas ! Tu ne le savais pas ?
2. Moi, ce que j'aime, ce sont ces petits plats qu'on _____ pendant des heures.
3. Mais enfin ! Mange doucement ! N' _____ pas si vite ! Tu vas encore avoir mal à l'estomac !
4. La clocharde ? C'est une pomme absolument excellente qui _____ sous la dent.
5. Ah ça ! Ça fait partie de ces vins qu'on _____ tranquillement entre amis. Un bonheur !
6. Aujourd'hui, on _____ quand même moins de beurre qu'avant et plus d'huile d'olive.
7. Tu as déjà fini ? Tu devrais apprendre à _____ de si bons plats !

b) À l'aide des lettres situées dans les carrés gris, trouvez un autre verbe lié à la gastronomie.

17 Les temps changent.

Viens dîner, on fera la vaisselle…

Qui a dit que les Français étaient des égoïstes repliés sur eux-mêmes ? Ils sont 93 % à « aimer recevoir chez eux pour un repas », affirme le Credoc dans une enquête effectuée à l'initiative du Comité des arts de la table. Mieux, la convivialité est une valeur en hausse : les trois quarts des 25-70 ans invitent au moins une fois par mois, un taux en progression.

par France VIOLLET

Pas de petits plats dans les grands

On s'invite, donc, mais différemment. Si le dîner assis reste un modèle largement dominant, trois personnes sur dix tendraient à lui préférer l'apéritif, *« qui requiert nettement moins de travail et d'expertise »*.

La télé au menu

Inauguré par les soirées foot, consacré par les réunions *Star Ac'* et *Bachelor*[1], le plateau-repas tend à devenir un mode d'invitation comme un autre. Il convient particulièrement aux célibataires et aux jeunes, lesquels ne semblent pas s'émouvoir de devoir manger des *chicken nuggets* sur leurs genoux, pourvu que ce soit en compagnie de Zidane, Michal[2] ou Steven[3]. *« Cette tendance ne va cesser de s'étendre »*, prophétise le Credoc. Avec un *« temps moyen passé devant la télé en perpétuelle augmentation »* et la floraison d'émissions cultes, *« se retrouver pour les regarder tout en mangeant va vraisemblablement progresser à l'avenir »*.

Invité à mettre la main à la pâte

Si Jean-Pierre Loisel, directeur du département consommation au Credoc, reconnaît un *« effritement des schémas traditionnels »* (diminution du temps passé pour préparer un repas, recours croissant aux aides culinaires industrielles), c'est pour mieux souligner une *« convivialité qui devient plus chaleureuse »*. Portée par les jeunes générations, celle-ci se concentre exclusivement sur l'impératif d'*« être bien ensemble »*.

De là une décontraction inédite pour tout ce qui ne relève pas de cet objectif. L'invité qui mettait les pieds sous la table peut désormais s'attendre à devoir porter la main à la pâte. Il a même une (mal)chance sur dix de se voir réquisitionné pour la vaisselle. Avis aux fainéants : les jeunes, les célibataires et les hommes ont le moins de scrupules en la matière. Cela tiendrait à leur *« vision moins "sacralisée" de la réception »*, enseigne le Credoc.

Ponctualité et cadeau

La désacralisation ne remet pas en question le souci des autres. Un Français sur deux tient à décorer sa table, mais aussi sa maison, avant d'enfiler une toilette raffinée pour recevoir ses convives. Des convives qui, eux-mêmes, se prêtent volontiers au jeu des bienséances. Presque tous arrivent à l'heure (neuf sur dix), la plupart un cadeau à la main (plus de deux sur trois). Et qu'importe ce que l'hôte leur servira, ils sont généralement prêts à tout engloutir, histoire de ne pas les froisser. À noter : deux sur trois poussent la civilité jusqu'à éteindre leur téléphone portable pendant le repas.

France VIOLLET, *Libération*, mercredi 25 février 2004.

1. Émissions de télé-réalité française.
2 et 3. Personnes rendues célèbres par des émissions à la télévision.

---

1 Lisez l'article ci-dessus et choisissez, parmi les trois phrases suivantes, celle qui résume le mieux l'idée générale.

a ❏ Finis les dîners traditionnels : les Français ont renoncé aux bonnes vieilles habitudes de politesse quand ils sont invités à un repas !

b ❏ Une étude montre que les Français reçoivent plus souvent et plus simplement.

c ❏ En France, l'art de recevoir se perd. Et, avec lui, le sens de la convivialité.

2 a Retrouvez les mots ou expressions qui correspondent aux définitions suivantes (ces définitions suivent l'ordre du texte).

1 nécessite : _____
2 à condition que : _____
3 prédit : _____
4 le développement : _____
5 une diminution : _____
6 aux paresseux : _____

7 mettre un vêtement : _____
8 ses invités : _____
9 participent : _____
10 des politesses : _____
11 pour ne pas les vexer : _____
12 l'amabilité : _____

b Associez les expressions idiomatiques suivantes à leur signification.
1 mettre les petits plats dans les grands •
2 mettre la main à la pâte •
3 se mettre les pieds sous la table •

• a Participer à un travail.
• b Se laisser servir lors d'un repas.
• c Recevoir quelqu'un de manière raffinée.

3 Lisez à nouveau l'article.
a Complétez les affirmations par l'un des trois ordres de grandeur suivants : *la majorité – la moitié – moins d'un tiers.*
1 _____ porte un soin particulier à la décoration lors d'une invitation.
2 _____ fait preuve de ponctualité en se rendant à un dîner.
3 _____ considère qu'inviter ses amis à manger est un plaisir.
4 _____ change de vêtements avant d'accueillir les invités.
5 _____ ne répond pas à un appel téléphonique au cours d'un repas.
6 _____ organise au minimum un déjeuner ou un dîner mensuel chez soi.
7 _____ reçoit plus facilement pour un apéritif que pour un repas.
8 _____ n'arrive jamais à un repas les mains vides.
9 _____ termine son assiette, au moins par politesse.

b Cochez, parmi les éléments suivants, ceux qui correspondent à des tendances actuelles en France.
1 ❑ La plupart des invitations se font à l'improviste.
2 ❑ Le temps consacré à l'élaboration des repas est moins important qu'auparavant.
3 ❑ Entre amis, chacun apporte un élément du repas, par exemple l'entrée ou le dessert.
4 ❑ Dîner devant la télé en présence de ses amis devient de plus en plus courant.
5 ❑ L'achat de plats cuisinés est un phénomène plus fréquent.
6 ❑ Il arrive aujourd'hui qu'on sollicite l'aide de ses invités, lors d'un repas.

ÉCRIRE

18 Ils sont bizarres ces Français !

Lors d'un séjour en France, vous êtes invité(e) à dîner par une famille française. En arrivant, un cadeau à la main et à l'heure, vous constatez qu'il s'agit d'une soirée plateau-repas devant la télé. De plus, les autres invités viennent tous en retard et les mains vides (sans cadeau). Choqué(e) par ces différents comportements, vous envoyez un e-mail à l'un(e) de vos ami(e)s pour lui raconter votre soirée. (220 mots)

19 Voyage culinaire

La collection « Voyage culinaire » propose une découverte du monde à travers la cuisine. L'un des ouvrages de cette collection étant consacré à votre pays, l'éditeur vous demande d'en rédiger l'introduction. Expliquez ce qui fait la spécificité de la cuisine de votre pays et en quoi elle est révélatrice de sa culture. (200 mots)

20 S'installer en France

Un(e) de vos ami(e)s d'enfance souhaiterait venir s'installer en France.
Vous lui donnez quelques conseils pour l'aider à faire son choix. (120 mots)

UNITÉ 7
Métro, boulot, repos…

GRAMMAIRE — **L'expression de l'opinion**

1 Complétez les phrases avec l'expression de l'opinion qui convient.

Forum — Les Français stressés au travail

→ Cathy 02-10-09

1 _Je pense que_ beaucoup de Français sont très stressés à cause de leur travail. (Je pense que – ~~J'ai l'impression de~~)

→ Malek 02-10-09

2 C'est vrai, _____ ne plus pouvoir séparer vie professionnelle et vie personnelle comme avant. (~~je ne crois pas~~ – j'ai l'impression de)

→ Ludovic 02-10-09

3 Oui, j'ai du mal à ne plus penser à mon travail une fois rentré chez moi. Et de nombreux collègues ressentent les mêmes troubles, mais, _____, ils ne font rien pour aller mieux… (~~vous trouvez que~~ – selon moi)

→ Loïc 03-10-09

4 Tu as raison, _____ très peu de salariés consultent leur médecin traitant. Ils préfèrent essayer de s'adapter et continuer à faire « bonne figure ». (je crois que – ~~je ne crois pas que~~)

→ Raymond 03-10-09

5 _____ notre charge de travail est la cause principale de ce stress et nous manquons de temps pour vivre. (D'après moi – ~~Vous êtes persuadés que~~)

→ Gaëlle 03-10-09

6 C'est l'absence de reconnaissance qui nous pèse le plus, _____ si notre augmentation d'heures de travail était récompensée par un meilleur salaire, nous aurions davantage l'impression d'être valorisés. (ils sont sûrs que – ~~à mon avis~~)

→ Ana 04-10-09

7 _____ l'aspect relationnel se dégrade aussi beaucoup. Avant, j'avais d'excellents rapports avec mes collègues, maintenant ça a changé. (J'ai l'impression que – ~~Je suis persuadée de~~)

→ Roselyne 04-10-09

8 _____ nous puissions supporter toutes ces tensions très longtemps… (Je ne crois pas que – ~~Je suis sûre~~)

2 Associez les mesures de lutte contre le chômage proposées et les points de vue formulés.

Comment lutter contre le chômage ?

1. abaisser l'âge de la retraite
2. allonger la durée des vacances
3. interdire aux retraités d'avoir un emploi rémunéré
4. inciter les mères de famille à rester au foyer
5. augmenter la durée des congés parentaux
6. encourager les employés à la mobilité interne dans l'entreprise et à la mobilité géographique

a. Vous avez l'impression que si davantage de femmes choisissaient d'être femmes au foyer, cela libérerait des emplois ?
b. Selon lui, il faudrait abaisser l'âge de la retraite en France pour laisser la place aux jeunes.
c. Nous trouvons que les retraités ne devraient pas accepter d'emplois à temps partiel.
d. Je ne crois pas que 5 semaines de vacances soient suffisantes. Pourquoi ne pas autoriser les salariés à prendre de plus longs congés ?
e. Selon le gouvernement, il faut que les salariés acceptent de se reconvertir, de suivre des formations tout au long de leur vie et/ou de déménager dans une autre région.
f. Les parents de jeunes enfants ont l'impression de ne pas pouvoir concilier vie familiale et travail.

1	2	3	4	5	6
b	d	c	a	f	e

3 Regardez les deux dessins ci-dessous et décrivez-les. Quels commentaires vous inspirent-ils ? Donnez votre opinion en utilisant le plus grand nombre d'expressions suivantes.

Selon moi ... – À mon avis – D'après moi – Je trouve que ... – Je crois que ... – Je ne crois pas ... – Je pense que ... – Je suis sûr/sûre que ... – Je suis persuadé(e) que ... – J'ai l'impression de ... – J'ai l'impression que ...

1.

2.

UNITÉ 7

GRAMMAIRE — Les valeurs du subjonctif

4 **Lisez les phrases suivantes et indiquez ce qu'elles expriment.**

1. Je voudrais bien que ces contrats soient enfin signés !
2. Il faut absolument qu'on vérifie les comptes de l'entreprise.
3. Ils ont peur que vous les licenciez dans six mois.
4. Je ne pense pas qu'ils puissent te renvoyer comme ça ; c'est illégal.
5. Il est indispensable que tu leur envoies une lettre de protestation.
6. On aimerait que ces stagiaires obtiennent un CDD après leur stage.
7. Il est à craindre que cette entreprise soit délocalisée en Asie.
8. Il faudrait que les salariés qui le souhaitent puissent travailler à leur domicile.
9. Il tremble à l'idée que sa proposition soit rejetée par son employeur.
10. Elle redoute que son contrat ne soit pas prolongé.
11. Il est nécessaire que vous repassiez cet entretien.

Une obligation	Un souhait	Un doute	Une crainte
2, 8, 11, 5	1, 6	4, 10	3, 5, 7, 9, 10

5 **Formulez des conseils à des employés qui vont devoir travailler 2 jours sur 5 à leur domicile. Utilisez *Il faut que* comme dans l'exemple.**

Exemple : être bien organisé
→ *Il faut que* vous soyez bien organisé.

1. Se fixer des horaires stricts
   Il faut que vous vous fixiez des horaires stricts.

2. Ne pas se laisser distraire à la maison
   Il faut que vous ne vous laissiez pas...

3. Demander à votre entourage de ne pas vous interrompre
   Il faut que vous demandiez à votre entourage...

4. S'informer continuellement de ce qui se passe au bureau
   Il faut que vous vous informiez...

5. Définir un espace de travail
   Il faut que vous définissiez un espace de travail.

6. Aimer son travail
   Il faut que vous aimiez votre travail.

7. Avoir une grande volonté
   Il faut que vous ayez une grande volonté.

8. Établir des objectifs très clairs pour chaque jour
   Il faut que vous établissiez des objectifs...

6 Associez les débuts et fins de phrases.

1 Elle aimerait ...
2 Elle n'aimerait pas ...
3 Il faut ...
4 Il ne faut pas ...
5 Je doute ...
6 Je crains ...
7 Tu as peur ...

a que vous preniez de longues pauses café.
b qu'on lui demande de travailler les week-ends.
c que ce nouveau mode de travail empiète sur ta vie personnelle.
d que vous soyez très bien organisé dans vos dossiers.
e qu'il soit difficile d'organiser des réunions sans l'accord de votre chef.
f que son employeur lui propose un autre mode de travail.
g que vous ayez l'autorisation de passer des heures au téléphone avec vos amis.

7 Conjuguez les verbes entre parenthèses au subjonctif présent.

– Faut-il avoir peur de travailler à domicile ?

1 J'ai peur que mon employeur **soit** (être) plus exigeant. (*Aline*)

2 Il ne faut pas que tu **t'inquiètes** (s'inquiéter), tout ira bien. (*Luc*)

3 Je ne pense pas qu'il **faille** (falloir) anticiper les problèmes. Tu travailleras comme avant, mais chez toi. (*Cathy*)

4 Il est dans l'intérêt de chacun que tout **aille** (aller) bien ! (*Marc*)

5 J'ai essayé pendant un an, c'était un désastre. Certains de mes collègues étaient jaloux et s'arrangeaient pour que toutes les tâches qu'ils détestaient me **reviennent** (revenir). J'étais épuisée et je travaillais jour et nuit. Il a fallu que je **retourne** (retourner) au bureau et maintenant j'ai d'excellentes relations avec tous. (*Line*)

6 Ton employeur sera vigilant au départ, mais il souhaite seulement que son entreprise **fonctionne** (fonctionner) bien et il faut que tu lui **prouves** (prouver) que tu as fait le bon choix. (*Marine*)

8 Transformez les remarques de l'inspecteur du travail et utilisez le subjonctif présent ou l'infinitif.

Exemple : Les salariés n'ont pas de pause. C'est inadmissible !
→ *Il est inadmissible que les salariés n'aient pas de pause !*

1 Il faut afficher le règlement intérieur. C'est obligatoire.
Il est obligatoire qu'il faille d'afficher le règlement intérieur.

2 Vous devriez aménager un espace détente. Je vous le recommande.
Je vous recommande d'aménager un espace détente.

3 Demandez l'aide d'un conseiller en entreprise. Cela serait sûrement profitable.
Je serait profitable de demander l'aide ...

4 Offrez une séance de massage hebdomadaire à vos salariés. Je vous le conseille.
Je vous conseille d'offrir une séance ...

5 Organisez des déjeuners pour chaque équipe. Cela serait vraiment bénéfique.
Je serait vraiment bénéfique que vous organisiez des déjeuners ...

6 À Noël, les salariés doivent tous recevoir un cadeau. C'est indispensable. ~~Il~~ reçoivent tous un cadeau
Il est indispensable que les salariés doivent... ~~d~~ (✓)

7 Laissez toujours la porte de votre bureau ouverte. C'est souhaitable.
Il est souhaitable que vous laissiez... ✓

GRAMMAIRE — Les propositions temporelles

9 Imaginez comment Sabine a changé de vie en finissant ses phrases.

Exemple : *Changer de vie, je n'y avais jamais pensé **avant de voir cette émission à la télé.***

1 Quand j'habitais à Paris, je passais une heure dans le métro avant de _____

2 Il a fallu que je commence à déprimer avant que _____

3 J'ai eu tout le temps de réfléchir pendant que _____

4 On a décidé de déménager après _____

5 J'ai acheté cette grande maison après que _____

6 On a enfin le temps de respirer depuis que _____

7 Il faudra venir nous voir dès que _____

10 Complétez les titres des articles avec les propositions temporelles qui conviennent. Plusieurs réponses sont possibles.

depuis que – dès que – jusqu'à ce que – après – pendant que – avant qu' – avant de

1. ~~Pendant~~ **TEMPS LIBRE :** ~~Depuis que~~ f certains en profitent, les chômeurs, eux, cherchent à l'occuper.

2. Depuis/dès / Pendant que f la durée du travail a diminué, les salariés ont constaté une amélioration de leur qualité de vie.

3. Les frontières entre vie professionnelle et vie privée sont de plus en plus difficiles à déterminer ~~depuis~~ dès que ✓ on peut se connecter à Internet n'importe où.

4. Déception des syndicats après ✓ avoir constaté une nouvelle augmentation du chômage.

5. Certains salariés devront encore attendre jusqu'à ce que cette mesure soit appliquée dans leur entreprise.

6. Avant qu' ✓ ils puissent opter pour le télétravail, les Français passaient beaucoup de temps dans les transports.

7. Avant de ✓ MODIFIER LA DURÉE LÉGALE DU TRAVAIL, LE MINISTRE A RENCONTRÉ LES SYNDICATS.

11 **Faites des phrases en reliant les deux actions par des propositions temporelles.**

Exemple : Les employés/sortir du bureau – aller se détendre
→ **Après être sortis** du bureau, les employés sont allés se détendre.

1 Paul/quitter son emploi – partir faire le tour du monde

2 Les chômeurs/manifester – obtenir une prime pour Noël

3 Elles/aller souvent à l'ANPE – trouver un emploi

4 Pascale/travailler moins – être moins stressée

5 Les gens/partir en week-end – se sentir mieux

12 **a) Vous voulez bénéficier des conseils du docteur Zen pour profiter au mieux de la sieste ? Associez les deux parties des énoncés et mettez les verbes entre parenthèses aux temps et aux modes qui conviennent.**

1 Tout d'abord, ne culpabilisez pas !
2 Avant de _s'allonger_ (s'allonger),
3 Couchez-vous et pensez à un endroit agréable,
4 Ne sautez pas du lit
5 Étirez-vous comme un chat
6 Maintenant, soyez sincère ! Vous ne vous sentez pas mieux

a tout de suite après _avoir dormi_ (dormir).
b jusqu'à ce que vous _sentiez_ (sentir) votre corps se détendre.
c éteignez votre téléphone portable et tirez les rideaux.
d Pendant que vous _sommeillez_ (sommeiller), vous récupérez de l'énergie.
e avant de _vous se lever_ (se lever).
f depuis que vous _vous êtes reposé_ (se reposer) ?

b) Sur le même modèle, donnez deux conseils pour mieux profiter des vacances.

1
2

VOCABULAIRE

13 **Quand on en a un, on ne l'aime pas toujours. Quand on n'en a pas, on en cherche un. Qu'est-ce que c'est ? Pour le savoir, complétez la grille à l'aide des définitions.**

1 Tension nerveuse souvent provoquée par le surmenage.
2 Nom synonyme de *métier*.
3 Sans durée garantie, temporaire.
4 Renvoyer quelqu'un de l'entreprise *(style familier)*.
5 Argent payé par l'entreprise au salarié.
6 Nom synonyme d'*entreprise (style familier)*.
7 Personne qui travaille dans la même société que vous.

1 STRESS
2 PROFESSION
3 PRÉCAIRE
4 VIRER
5 SALAIRE
6 BOITE
7 COLLEGUE

UNITÉ 7

14 Cochez les synonymes du mot proposé.

1. congés = ☒ vacances ☐ emploi ☒ repos
2. profession = ☐ contrat ☒ boulot ☒ métier
3. direction = ☐ préoccupation ☒ organisation ☒ administration
4. stress = ☒ tension ☐ problème ☒ anxiété
5. salaire = ☒ rémunération ☐ diplôme ☒ revenu
6. entreprise = ☒ boîte ☐ télétravail ☒ société

15 Cochez les définitions exactes.

1. ☐ embaucher quelqu'un : licencier quelqu'un
2. ☒ prendre du recul : se détacher, prendre de la distance
3. ☒ démissionner : quitter son travail
4. ☐ demander une augmentation : progresser dans son travail
5. ☐ travailler à domicile : être au chômage
6. ☒ être débordé : avoir trop de travail
7. ☐ faire des heures supplémentaires : prendre des congés

16 Lisez les énoncés et soulignez les mots et expressions décrivant différents types de « pause ». Puis classez-les dans le tableau de la pause la plus courte à la plus longue.

a. On a trouvé une formule « court séjour » en Bretagne à un prix intéressant.
b. Le médecin lui a prescrit une semaine d'arrêt maladie.
c. Il a pris un congé parental pour s'occuper de sa fille pendant trois ans.
d. On fait une petite pause tous les jours vers 11 heures.
e. On prend nos congés annuels en septembre, c'est plus tranquille.
f. Désolé, il est absent jusqu'à demain ; il a pris son après-midi.
g. Elle est partie au Brésil pendant son semestre sabbatique.

1	2	3	4	5	6	7
d	f	a	b	g	e	c

17 Complétez la lettre ci-dessous avec les mots ou expressions suivants :

Madame, Monsieur (2 fois) – agréer – annonce – CDD – m'adresse – Dynamique – entretien – CV – candidature au poste de comptable – permets – responsabilités – Dans l'attente

Rouen, le 12 octobre 2009

Objet : candidature au poste de comptable

Madame, Monsieur

Je m'adresse à vous après avoir lu l'annonce parue hier dans *Ouest-France* concernant un poste de comptable. Ce travail m'intéresserait beaucoup et je me permets donc de vous envoyer mon CV.

Je termine actuellement un CDD dans une entreprise de la région et je serai disponible à la fin du mois. Dynamique et motivée, je suis prête à assumer avec efficacité les responsabilités décrites.

En espérant que ma proposition retiendra votre attention, je me tiens à votre disposition pour un entretien. Dans l'attente de votre réponse, je vous prie, Madame, Monsieur, d'agréer l'expression de mes sentiments distingués.

Jeanne Rimont

COMPRENDRE

18 Le télétravail en France

Télétravail, une question de confiance

L'avis de l'expert : Fabrice Lacombe, Président de Michael Page France

Pourquoi la France reste-t-elle loin derrière les autres pays européens en matière de télétravail ? Alors que l'Allemagne, la Finlande, les Pays-Bas et le Danemark affichent plus de 20 % de salariés télétravailleurs et que l'Italie et le Royaume-Uni en annoncent 15 %, la France peine à dépasser les 6 %. Si tous les métiers ne sont pas éligibles[1] à ce mode de travail, on peut se demander pourquoi, contrairement à leurs homologues de l'UE, les *knowledge workers*[2] français sont si nombreux à se rendre chaque jour au bureau, munis de leurs deux principaux outils fournis par l'entreprise : leur ordinateur portable et leur téléphone mobile… À l'heure du haut débit et du Wi-Fi généralisés, de la téléphonie Internet illimitée, de l'accès distant aux ressources d'information de l'entreprise et des espaces de travail collaboratifs, combien d'entre eux pourraient, en fait, faire ce qu'ils ont à faire sans sortir de chez eux ?

Bien des salariés en rêvent d'ailleurs – sans forcément mesurer ce que peut être l'isolement et le stress du télétravailleur à temps plein ainsi que la difficulté à séparer, dans ce cadre, vie personnelle et vie professionnelle. Au demeurant[3], nombreux sont les cadres qui, notamment en région parisienne, se satisferaient d'un ou deux jours de télétravail par semaine. Les employeurs sont cependant réticents[4] à le proposer, doutant qu'on puisse travailler aussi efficacement chez soi qu'en entreprise et craignant que, sans encadrement de proximité, les dérives[5] soient nombreuses.

> *Une piste à creuser*

Pourtant, à l'heure où toutes les entreprises cherchent à faire des économies, le télétravail – total ou partiel – redevient une piste à creuser, à proposer… pour réduire les surfaces de bureaux et, de ce fait, les coûts de location, éviter des déplacements domicile-travail et des frais de transport, simplifier la vie des collaborateurs qui le souhaitent… et ce pratiquement sans investissement supplémentaire, puisque l'entreprise leur fournit déjà le PC portable et le GSM[6] indispensables.

Lorsqu'un groupe de parlementaires a déposé, en octobre dernier, une proposition de loi visant à promouvoir le télétravail en France, la crise n'avait pas encore pleinement planté ses dents dans la chair des entreprises. C'est chose faite et pour une durée indéterminée. Dès lors[7], toute piste permettant à la fois à l'entreprise de réduire ses coûts, de garder ses compétences et de continuer à motiver ses collaborateurs mérite d'être exploitée. La crise peut accélérer l'adoption du télétravail en France et un cadre juridique plus solide et plus clair est indiscutablement nécessaire pour que le télétravail ne soit pas une zone de non-droit.

Mais pour que ce mode de travail prenne réellement son essor[8] et tienne ses promesses, le plus difficile est de faire évoluer les mentalités : chefs d'entreprise et managers doivent apprendre à faire confiance aux collaborateurs qui ne sont pas physiquement dans l'entreprise et les juger uniquement sur leurs résultats ; les salariés, pour leur part, doivent admettre ce mode de jugement moins affectif et plus pragmatique… Ce qui suppose, bien sûr, l'acceptation d'objectifs individuels volontaristes, clairement définis, et un mode d'évaluation juste et transparent.

D'après *www.lefigaro.fr*, 13 juin 2009

---

1. adaptés.
2. experts de la connaissance (rarement utilisé en français).
3. par ailleurs.
4. hésitants.
5. les distractions/occasions de ne pas travailler.
6. Global System for Mobile Communications (téléphone mobile).
7. dès ce moment-là.
8. développement, croissance.

1 Lisez l'article p. 71.

a Indiquez de quel type d'article il s'agit.

1 ❏ un compte rendu d'enquête

2 ☒ un point de vue d'expert ✓

3 ❏ une page *Conseils* destinée aux chefs d'entreprises

b Cochez les affirmations exactes.

1 ☒ La France utilise moins le télétravail que ses homologues européens. ✓

2 ☒ Les employés français vont tous les jours au bureau avec leurs propres téléphones et ordinateurs portables.

3 ❏ Beaucoup de salariés français se sentent isolés et stressés.

4 ❏ Les employeurs sont enthousiasmés par le télétravail.

5 ☒ Les entreprises pensent que le développement du télétravail leur permettra de faire des économies.

6 ❏ Le télétravail a un cadre juridique très solide et clair.

7 ☒ Les chefs d'entreprises et les salariés doivent changer de mentalités. ✓

8 ❏ L'évaluation des salariés se fait d'une manière juste et transparente.

c Cochez la phrase qui résume le mieux l'idée générale du texte.

1 ☒ Beaucoup de Français en rêvent, mais les chefs d'entreprise hésitent encore beaucoup à adopter la formule du télétravail qui pourtant aiderait à réduire les effets de la crise.

2 ❏ Les parlementaires français ont pris des mesures pour promouvoir le télétravail et pouvoir ainsi relancer l'économie en rendant les salariés plus heureux.

3 ❏ Les employeurs français vont instaurer un système d'évaluation des performances des salariés qui va permettre de développer le télétravail en France laquelle est très en retard par rapport aux autres pays de l'UE.

2 Relisez l'article.

a Retrouvez les mots et expressions qui correspondent aux mots et expressions suivants (ils suivent l'ordre du texte).

1 aller plus loin : dépasser ✓

2 équivalent : homologue ✓

3 indéfinie : illimité

4 instruments de travail : (principaux) outils ✓

5 une solution possible : une piste à creuser ✓

6 encourager : promouvoir

7 collègue, associé : collaborateur

8 faire avancer rapidement : accélérer ✓

9 croyances et habitudes : mentalités ✓

10 adapté à la réalité : faire évoluer / admettre + pragmatique

11 appréciation : (mode d')évaluation ✓

b Expliquez le sens des expressions suivantes.

1 « planter ses dents dans la chair des entreprises » : ~~comme un chien, ne va pas quitter, faire mal aux entreprises, ne peuvent pas s'échapper~~ *touche/marque profondément les entreprises*

2 « une zone de non-droit » : ~~où il n'y a pas des droits, peuvent faire ce qu'ils veulent, on ne peut pas s'orienter~~ *une pratique à la législation floue* (unscharf/weich)

c Trouvez dans le texte les phrases qui répondent à la question posée dans le premier paragraphe : « Pourquoi la France reste-t-elle loin derrière les autres pays européens en matière de télétravail ? »

1 Les employeurs sont cependant réticents à le proposer… et craignant que… les dérives soient nombreuses. ✓

2 … un cadre juridique … est indiscutablement nécessaire… f

ganze letzte Absatz

3 … faire évoluer les mentalités… ✓

ÉCRIRE

19 Demande de renseignements (DELF)

Vous avez décidé de passer vos prochaines vacances sur l'île de Porquerolles, au large de la ville de Hyères, en Méditerranée. Envoyez un e-mail à l'office de tourisme de cette ville pour demander des renseignements sur les hébergements possibles sur l'île, les horaires des bateaux, les sites à visiter, les plages les plus tranquilles. Demandez-leur également de vous adresser une carte de l'île par courrier. (200 mots)

20 Prendre une année sabbatique (DELF)

Vous êtes sollicité(e) par votre comité d'entreprise pour rédiger un article qui expliquera comment obtenir un congé sabbatique. En vous aidant de la leçon 27 p. 82 du livre élève, écrivez un article de 200 mots environ.

UNITÉ 8

Question d'argent

GRAMMAIRE — Les pronoms relatifs composés

1 a) Associez les débuts et fins de phrases ci-dessous.

1 Depuis une semaine, j'ai une connexion haut débit… — **b** grâce à laquelle j'ai redécouvert Internet !
2 J'ai trouvé un site fantastique… — **d** sur lequel j'effectue tous mes achats en ligne.
3 Sur *france2.fr.*, tu peux regarder la série… — **a** à laquelle tu es tellement accro.
4 J'ai un nouveau copain norvégien… — **c** avec qui je communique sur *Facebook*.
5 Je viens de voir les deux expositions… — **f** auxquelles il a fait allusion dans son dernier e-mail.
6 Viens me rejoindre dans le café Internet… — **e** à côté duquel j'habite.

b) Reformulez les fins de phrases en supprimant les pronoms relatifs composés.

1 *Depuis une semaine, grâce à ma connexion haut débit, j'ai redécouvert Internet !*
2 J'effectue tous mes achats en ligne sur un site fantastique. ✓
3 Tu es tellement accro à la série *que tu peux…* sur france2.fr. (✓)
4 Je communique avec un nouveau copain norvégien sur Fb. ✓
5 Il fait allusion aux *que je…* deux expositions dans son dernier e-mail. (✓)
6 J'habite à côté du café Internet. ✓ Viens m'y rejoindre.

2 Transformez les phrases en utilisant des pronoms relatifs composés.

Exemple : Je travaille pour une société de vente par Internet qui a des problèmes financiers.
→ La société de vente par Internet **pour laquelle** je travaille a des problèmes financiers.

1 Je tape mes articles sur un clavier d'ordinateur qui est anglais.
Le clavier d'ordinateur sur lequel je tape est anglais. ✓

2 Il tient beaucoup au livre qu'il a commandé sur *amazon.fr*.
Le livre auquel il tient beaucoup *a été* est commandé sur amazon.fr. (✓)

3 Tu es assis en face d'une personne qui ne cesse de pianoter sur son téléphone portable.
La personne en face de laquelle (qui) tu es assis ne cesse de… ✓

4 Je viens d'emménager dans un appartement qui est plus petit : je vais donc devoir revendre certains de mes meubles sur eBay.
L'appartement dans lequel je viens d'emménager est plus petit. ✓

5 Je me connecte avec un ordinateur qui est toujours en panne.

L'ordinateur avec lequel je me connecte est toujours en panne.

6 Je travaille pour des clients qui sont désagréables.

Les clients pour lesquels je travaille sont désagréables.

7 J'ai eu des réductions grâce à la carte de fidélité que l'on m'a offerte lors du premier achat.

La carte de fidélité grâce à laquelle j'ai eu des réductions m'a ...

3 a) Complétez les phrases à l'aide des pronoms relatifs composés ci-dessous.

auprès de qui – sur lequel – dans laquelle – sur laquelle – avec lesquelles – grâce auquel – avec lequel – sans laquelle – à cause desquels – avec lesquels

Exemple : Une souris est un outil _____ vous pouvez déplacer le curseur sur votre écran.
→ Une souris est un outil **avec lequel** vous pouvez déplacer le curseur sur votre écran.

1 Un forum est un site sur lequel les internautes peuvent échanger leurs points de vue.
2 Les adolescents sont les personnes auprès de qui les réseaux sociaux comme *Facebook* ont le plus de succès.
3 Une *hotline* est un service grâce auquel on peut être dépanné rapidement en informatique.
4 Un FAQ est une page web sur laquelle on trouve toutes les questions posées par les internautes.
5 Sur *colocation.fr*, vous pourrez trouver des personnes avec lesquelles vous pourrez partager votre appartement.
6 Si vous souhaitez retrouver des amis d'enfance avec lesquels vous alliez à l'école, allez sur *copainsdavant*.
7 Ce site de vente vous offre une très bonne garantie sans laquelle vous prenez un risque.
8 S'il y a des dysfonctionnements à cause desquels la navigation est difficile, merci de le signaler au *webmaster*.
9 « Favoris », c'est la rubrique dans laquelle on peut enregistrer ses sites préférés.

b) Posez des devinettes en demandant à la classe de répondre avec des relatifs composés.

Exemple : « À quoi sert le site *Deezer* ? »
→ C'est un site **sur lequel** on peut écouter de la musique gratuitement. / C'est un site **grâce auquel** on peut découvrir de nouveaux artistes avant d'acheter leur album.

GRAMMAIRE — La mise en relief d'une information

4 Mettez les mots soulignés en relief.

Exemple : On a supprimé cette taxe l'an dernier. → *Cette taxe a été supprimée l'an dernier.*

1 On recommande le pourboire pour les employés de maison ?

2 Cette collègue ne partage pas votre avis sur le budget. →

3 Ils achètent des actions boursières en grande quantité. →

4 On a obtenu ce prêt après beaucoup d'efforts. →

5 Ils ont partagé l'addition après discussion. →

6 On attribuera une augmentation de salaire à tous les employés de cette entreprise.

7 Le serveur a rapidement pris notre commande. →

5 Complétez les phrases avec les verbes suivants aux modes et temps qui conviennent.

imposer – récompenser – inclure – préconiser – rallonger – remercier – ajouter (2 fois) – comprendre – attendre – interpréter – pratiquer – répandre – suggérer

Pays	Usage	Particularité
Australie	Rare	1 Le pourboire *est* peu *pratiqué*. Les Australiens ne s'attendent pas à en recevoir.
Chine	Rare	2 Après avoir été longtemps interdites, les gratifications en argent .... plus .... de nos jours, plus particulièrement dans les lieux touristiques. Une petite pièce .... par les autochtones en échange d'un service.
Corée du Sud	Inexistant	3 Le service .... dans les notes à hauteur de 10 % et aucun pourboire n' ....
Égypte	Recommandé	4 Pour de nombreux Égyptiens, le pourboire est une source de revenus importante. Les frais de taxi ou de restaurants .... de quelques euros, et les porteurs et les guides .... par une ou deux pièces.
États-Unis	Obligatoire	5 Au restaurant, entre 15 et 20 % de l'addition doivent systématiquement .... Attention toutefois, pour les groupes de plus de six personnes, le service .... automatiquement au montant de l'addition par certains restaurants. La générosité .... avec les personnels d'hôtels et d'aéroports, les employés de salon de beauté, et les chauffeurs de taxi.
Japon	Inexistant	6 Le pourboire y .... mal .... et il peut même offenser les Japonais qui ne veulent pas donner l'impression qu'ils font l'aumône.
Madagascar	Recommandé	7 Le pourboire .... , surtout par les guides locaux. La tradition veut que chaque service .... par un petit cadeau, pas forcément de l'argent.
Mexique	Obligatoire	8 La *propina*, pourboire de 15 %, ... dans les cafés et les restaurants, et pour tout service rendu. Ce pourboire n'est en revanche pas obligatoire pour les taxis.

6 Transformez les phrases en utilisant *ce qui/ce que… c'est/ce sont…*

Exemple : Les Français aimeraient que l'on s'occupe davantage des personnes les plus démunies.
→ *Ce que les Français aimeraient, **c'est que** l'on s'occupe davantage des personnes les plus démunies.*

1 Le plus important est de ne pas passer sa vie à courir après l'argent.

2 Beaucoup de gens regardent avec intérêt l'émission *Qui veut gagner des millions ?*

3 De plus en plus de consommateurs achètent des produits venant du commerce équitable.

4 En France, c'est assez mal perçu de demander à quelqu'un combien il gagne.

5 Les sociétés de placement en bourse sur Internet se sont développées ces dernières années.

7 Mettez en relief les éléments soulignés comme dans l'exemple.

À notre grande surprise, en Chine la pratique du pourboire a augmenté considérablement alors que son usage a été interdit pendant des décennies. On constate depuis très longtemps (1) l'interdiction des gratifications en argent dans les aéroports de Singapour. On relève (2) au Canada et aux États-Unis, un ajout systématique de 12 à 15 % de service sur l'addition, quelles ques soient les circonstances. Il faut aussi souligner (3) le refus des Japonais de recevoir des pourboires qu'ils considèrent comme une aumône. (4) La tradition de la récompense sous forme de petits cadeaux pour services rendus se maintient à Madagascar. (5) Nous aimons beaucoup l'élégance de l'expression « pour le thé » en Russie où il est courant, mais pas obligatoire, de laisser un petit quelque chose aux serveurs, au personnel hôtelier, et à toutes personnes ayant rendu un service et (6) n'oublions pas de mentionner l'obligation de « la propina » dans les cafés, restaurants mexicains, et pour tout service rendu au Mexique.

Exemple : *Ce qui nous a surpris, c'est l'augmentation considérable de la pratique du pourboire.*

1

2

3

4

5

6

GRAMMAIRE — La nominalisation

8 Complétez les phrases en nominalisant les verbes en gras comme dans l'exemple.

Exemple : J'**ai réservé** cette montre. Pouvez-vous confirmer ma _____ ?
→ J'**ai réservé** cette montre. Pouvez-vous confirmer ma **réservation** ?

1 Vous deviez me **rembourser** cet achat : j'attends mon _remboursement_.
2 Le magasin **est fermé** : c'est écrit « _fermeture_ » annuelle.
3 Nous **avons expédié** les articles que vous aviez commandés ; toutes nos _expéditions_ ont lieu sous 24 heures.
4 Les Français **consomment** beaucoup de produits biologiques ; cette _consommation_ a fortement augmenté depuis 10 ans.
5 Un nouveau parfum **a été lancé** ; j'ai été invitée à son _lancement_.
6 Pourriez-vous **emballer** ce téléviseur ? Je suis désolé, nous n'avons plus d'_emballage_ disponible.
7 Je souhaiterais **essayer** cette robe. Les cabines d'_essayage_ sont là-bas.

9 a) Retrouvez les noms correspondant aux verbes ci-dessous.

Exemple : ouvrir → *ouverture*

1 fréquenter → _fréquentation_
2 changer → _changement_
3 acheter → _achat_
4 augmenter → _augmentation_
5 coûter → _coût_
6 signer → _signature_

b) Reconstituez les titres de presse avec les noms trouvés ci-dessus.

1. **5** ANNUEL DES ASSURANCES EN PROGRESSION.
2. **2** DES MENTALITÉS ENVERS LES PLUS DÉMUNIS.
3. **1** des magasins biologiques en hausse.
4. **4** DU COÛT DE LA VIE.
5. **6** d'un accord entre les banques et les entreprises.
6. **3** des produits de luxe pour les fêtes.

10 À partir des titres de journaux, réécrivez une phrase verbale comme dans l'exemple.

Exemple : Négociations sur les indemnités de chômage avec les syndicats
→ *Les indemnités de chômage **ont été négociées** avec les syndicats.*

1 Fermeture de l'entreprise décidée par le conseil d'administration

2 Détournement d'argent par le conseiller fiscal du Crédit municipal

3 Privatisation des services publics pour cause de rentabilité

4 Décisions prises en faveur des petits actionnaires

5 Dérobade du ministre des Finances face aux questions des journalistes

11 Journaliste pour *Infos-consommateurs*, vous devez mettre en valeur les informations suivantes.

Exemple : Les différences entre les classes privilégiées et les classes moyennes se sont aggravées.
→ ***Aggravation** des différences entre les classes privilégiées et les classes moyennes.*

1 Les habitudes de consommation des Français changent pendant l'été.
Changement des habitudes... ✓

2 Les prix des communications téléphoniques vont être revus à la baisse.
Revoit à la baisse — **Révision** ✗

3 La Bourse a ouvert à la hausse ce matin à Paris.
Ouverture de la Bourse... ✓

4 Certains magasins livrent gratuitement vos achats à domicile.
Livrement gratuitement... — **Livraison gratuite** ✗

5 Chez Magiprix, les rayons consacrés aux produits équitables se développent.
Développement des produits... ✓

6 Les femmes et les hommes se comportent différemment vis-à-vis de l'argent.
Comportement différente des femmes... ✓

VOCABULAIRE

12 Retrouvez dans la liste de mots ci-dessous six paires de synonymes.

aisé – épargne – défavorisé – radin – panier percé – pauvre – investissement – avare – placement – dépensier – économie – riche

1 radin / avare ✓
2 riche / aisé ✓
3 pauvre / défavorisé ✓
4 dépensier / panier percé ✓
5 économie / investissement ✗
6 épargne / placement ✗

13 Je suis pratiqué dans le monde entier, mais de manières diverses. Qui suis-je ? Pour le savoir, complétez la grille à l'aide des définitions ci-dessous.

1. verser de l'argent
2. paquet
3. offrant toute sécurité
4. appareils ménagers
5. acheteur sur Internet
6. articles vendus au rabais
7. diminution
8. paiement
9. échange d'une marchandise contre de l'argent

14 Associez chaque proverbe à son explication.

1. L'argent ne fait pas le bonheur.
2. La fortune vient en dormant.
3. Pauvreté n'est pas vice.
4. On ne prête qu'aux riches.
5. Les petits ruisseaux font les grandes rivières.
6. L'argent n'a pas d'odeur.
7. Les bons comptes font les bons amis.

a. Il n'y a pas de honte à être pauvre. ✓
b. Il ne suffit pas d'être riche pour être heureux. ✓
c. Pour garder ses amis, il faut payer ses dettes. ✓
d. L'origine de l'argent n'a pas d'importance. ✓
e. L'argent appelle l'argent. ✓
f. Les petites économies se transforment en fortunes. ✓
g. Il faut faire confiance à la vie pour s'enrichir. ✓

15 Cochez parmi les phrases suivantes celles qui ne seraient pas appropriées dans une lettre commerciale.

1. ❑ « Vous faites partie de nos meilleurs clients et nous souhaitons vous faire profiter d'une offre unique en raison de votre fidélité. »
2. ☒ « Comme tout le monde, vous avez 15 kilos à perdre. »
3. ❑ « Nous vous proposons un modèle unique. »
4. ❑ « Si vous êtes parmi les 300 premiers clients à nous répondre, vous recevrez un lecteur MP3. »
5. ☒ « Inscrivez-vous aujourd'hui, plus tard vous le regretterez. »
6. ❑ « Cette offre est bien sûr sans aucune obligation d'achat ultérieur. »
8. ☒ « Actuellement peu de personnes nous font confiance, mais cela va venir. »
9. ☒ « Répondez-nous sans tarder afin que nous puissions vous faire bénéficier de cette offre exceptionnelle. »
10. ☒ « Il y a beaucoup d'autres méthodes que la nôtre pour tripler votre chiffre d'affaires. »
11. ❑ « Nous garantissons de vous donner toute satisfaction. »
12. ☒ « Vous ne savez probablement pas parler en public. » (✓)

COMPRENDRE

16 Forum

http://www.votreavis.com

Forum

➢ **Prêts à tout acheter sur Internet ?**
Que seriez-vous prêts à acheter *on-line* ? Préférez-vous éviter les déplacements et vous faire livrer ? Ou continuerez-vous toujours à faire vos courses dans les petits commerces ou en grande surface ?

→ *Catherine le 19/10 à 10:25:56*

J'achète sur le net mais pas tout, loin de là, uniquement ce que je n'arrive pas à trouver dans le coin, pour le reste, alimentation, tabac, fringues, etc. je préfère les magasins, au moins il y est possible d'essayer et de juger de la fraîcheur sans parler de la simple chose qui est le contact humain.

→ *Luc le 19/10 à 12:15:36*

J'achète tout (quasiment tout) sur Internet... produits frais... épicerie... fringues... Je traque la bonne affaire (électroménager, par ex.). Acheter en ligne revient de 10 à 40 % moins cher... Internet... c'est tous les choix et les tailles possibles... c'est l'idéal pour trouver la perle rare ! Combien de personnes critiquaient l'hypermarché à ses débuts, le surgelé et le congelé... ? Maintenant, c'est le tour des achats en ligne.

→ *Maud le 19/10 à 16:56:02*

Pour acheter vraiment moins cher en alimentation, il faut se déplacer chez les DESTOCKEURS ALIMENTAIRES !!

→ *Marcus le 20/10 à 07:25:48*

J'achète bcp sur le Net parce que je n'ai pas le temps de courir à droite et à gauche et que, de plus, on y fait des supers affaires. Les entreprises n'ont pas les lourdes charges d'un point de vente en employant des vendeurs, mais seulement d'un dépôt avec des manutentionnaires. Il y a des professionnels qui utilisent leur sous-sol, leur garage ou un hangar donc ils sont moins chers.

→ *Marc le 20/10 à 14:01:56*

Pour le tabac, les risques sont énormes un étudiant fut pris d'un malaise après avoir acheté des cartouches de cigarettes. Au commissariat, elles ont été tout de suite identifiées comme étant de grossières contrefaçons. Il n'y avait pas que du tabac, mais un mélange bcp moins onéreux pour le vendeur et bcp plus toxique pour l'acheteur ! Mais sur Internet, comment retrouver l'escroc empoisonneur ? Essayez de le poursuivre... aucune chance...

→ *Manon le 21/10 à 15:23:45*

Perso, vu mon manque chronique de temps, je préférerais me faire livrer un maximum, mais cela dépend quand même de deux choses :
– la qualité de ce qui est livré par rapport à ce que je dénicherai moi-même dans les magasins (si le magasin en profite pour me refiler justement LA grappe de raisins pourris, il est clair que je n'essaierai pas une deuxième livraison chez eux)
– le prix (prix des produits identiques en livraison ou en magasin, mais aussi prix de la livraison)
Et puis, il faut un « magasin en ligne » bien organisé ! Si je dois perdre une heure pour chercher qqe chose sur Internet, autant aller sur place, ça me fera une promenade !

→ *Yann le 21/10 à 22:12:53*

En quoi est-ce choquant ? Il y a des gens qui ne peuvent se déplacer et qui sont ravis et soulagés de pouvoir être livrés à domicile. Un pêcheur qui vend son poisson en ligne a entièrement raison ! Plutôt que de ne pas vendre, de jeter sa pêche, de ne pas gagner d'argent, il se sert des moyens actuels mis à sa disposition. Quant aux chaînes de fraîcheur, il faut se dire que si le e-commerçant ne s'y tient pas, il va vite perdre sa clientèle...

→ *Nico le 21/10 à 23:51:04*

Ah ! Internet... imaginons l'avenir via Internet : on y achète tt !! tt ce qu'on veut, on le trouve !! comme ça au bout de 30-40 ans, on a tt eu chez soi sans se déplacer ; la machine à laver, le sèche-linge, la TV, les meubles, les robots ménagers ++++ ce qu'il y a dans le frigo, les armoires, et même les cigarettes !! mais sans oublier les 40 kg en trop parce qu'on reste assis tte la journée... à faire ses courses...

1 Lisez le point de vue des internautes p. 81 et cochez les réponses qui conviennent.

Prêt à tout acheter sur Internet ?	Oui	Non	On ne sait pas.
Catherine	☐	☐	☐
Luc	☐	☐	☐
Maud	☐	☐	☐
Marcus	☐	☐	☐
Marc	☐	☐	☐
Manon	☐	☐	☐
Yann	☐	☐	☐
Nico	☐	☐	☐

2 Lisez à nouveau les points de vue des internautes.

a Relevez les mots équivalant aux définitions suivantes (ces définitions suivent l'ordre du texte).

1 vêtements :

2 poursuivre :

3 objet :

4 changer de place :

5 frais obligatoires :

6 personnes chargées de déplacer des marchandises :

7 boîtes contenant un certain nombre de cigarettes :

8 imitations :

9 cher :

10 fraudeur :

11 découvrir après beaucoup de recherches :

12 chez soi :

13 débarrassés d'un poids :

14 respecter :

b Trouvez les mots que remplacent les abréviations ci-dessous utilisées dans le forum.

1 par ex :

2 bcp :

3 perso :

4 qque :

5 tt :

6 tte :

c Relevez les phrases du forum qui répondent aux questions suivantes.

1 Quels sont les produits qui sont le plus souvent achetés en ligne ?

82 *quatre-vingt-deux*

2 Pourquoi les internautes font-ils des achats en ligne ?

3 Quels sont les inconvénients des achats en ligne ?

4 Quelles sont les conditions requises pour le succès de la livraison à domicile ?

5 Quels sont les éléments qui poussent les vendeurs à proposer leurs produits en ligne ?

d Associez les paroles suivantes à l'une des personnes qui s'expriment dans le forum. Justifiez votre réponse à l'aide d'une des phrases du forum.

1 Bientôt, nous n'aurons plus besoin de sortir faire nos courses, il suffira de tout commander en ligne, de l'électroménager aux cigarettes, sans oublier les meubles.

2 Il est impossible de poursuivre les vendeurs coupables de certaines pratiques frauduleuses sur Internet.

3 Si le vendeur en ligne ne respecte pas les règles de réfrigération, il ne fera pas fortune.

4 Le coût de main-d'œuvre des entreprises qui vendent en ligne est nettement inférieur à celui des autres points de vente.

ÉCRIRE

17 Et vous qu'en pensez-vous ?
Donnez à votre tour, votre opinion sur le sujet du Forum de l'activité précédente, en vous appuyant éventuellement sur l'opinion des autres internautes. (120 mots maximum)

18 Pourboire
Vous écrivez à un(e) ami(e) pour lui décrire votre réaction vis-à-vis des serveurs dans les cafés et restaurants français qui attendent systématiquement un pourboire. Vous comparez avec la situation dans votre pays. (120 mots)

19 Produits de beauté
Vous venez de créer une entreprise en ligne spécialisée dans la vente de produits de beauté de luxe à prix réduit. À l'approche de Noël, vous rédigez une lettre pour proposer vos services à des clients éventuels. (120 mots)

UNITÉ 9
C'est déjà demain

GRAMMAIRE — L'expression de l'avenir

1 Faites des prévisions pour 2030 en conjuguant les verbes au futur simple. Continuez librement en suivant les pistes proposées.

– Comment sera la vie en 2030 ?
– Nous _passerons_ (passer) 10 heures par jour devant un ordinateur. La radio et la télévision _n'existeront plus_ (ne plus exister). Nous _ne voyagerons plus_ (ne plus voyager), nous _verrons_ (voir) uniquement nos amis sur écran. Les étudiants _n'auront plus_ (ne plus aller) à l'université, ils _suivront_ (suivre) leurs cours sur Internet. Toutes les maisons _iront_ (avoir) des robots pour faire la cuisine, le ménage.
– Comment écouterons-nous de la musique ?
–
– Quelle sera la place des arts graphiques ? de la photo ?
–
– Les livres existeront-ils encore ?
–

2 Conjuguez les verbes entre parenthèses au futur simple ou au futur proche. Justifiez le temps que vous choisissez. Plusieurs réponses sont possibles.

1 Un de nos techniciens _va prendre_ (prendre) votre appel dès que possible.
→

2 Nous _réglerons_ (régler) la facture à la fin du mois.
→

3 Vous _devrez_ (devoir) nous contacter à la réception du produit.
→

4 Tu _vas appeler_ (appeler) ton fournisseur d'accès dans la journée, car la situation ne peut pas durer.
→

5 Dans 10 ans, nous _ne saurons plus_ (ne plus savoir) écrire des lettres à la main.
→

3

Complétez les phrases avec *dans quelques minutes*, *la semaine prochaine*, *dans un an*. Plusieurs réponses sont possibles.

1 Dépêchez-vous ! La conférence sur les nouvelles technologies commence _dans quelques minutes_.
2 La loi sur le téléchargement sera probablement votée à l'Assemblée _la semaine prochaine_.
3 La commission « information et liberté » va annoncer son programme _la semaine prochaine_.
4 Le gouvernement va prendre des mesures exceptionnelles _dans un an_.
5 On va peut-être changer de fournisseur d'accès _dans quelques minutes_.
6 Je t'envoie un SMS pour te donner mon adresse complète _dans quelques minutes_.

4

a) Entourez les temps qui conviennent dans le forum suivant.

Forum — Imaginez la vie sans Internet !

→ Sylvain

1 Dans 10 ans, Internet (**n'existera plus** – n'existe plus – ne va plus exister).

→ Virginie

2 La vie (devient – **deviendra** – va devenir) impossible. Comment (**vivrons-nous** – allons-nous vivre – vivons-nous) ? Il n'y (a – **aura** – va avoir) vraiment plus de *Facebook* ni de *MSN* ?

→ Stéphanie

3 Nous (faisons – **ferons** – allons faire) plus de sport, et nous (allons voir – voyons – **verrons**) nos amis tous les jours. On (ira – va – va aller) plus souvent au théâtre et au cinéma. On (va redécouvrir – redécouvre – **redécouvrira**) les salles de concert.

→ Monique

4 Mais nous ne (pouvons – **pourrons** – allons pouvoir) plus consulter nos comptes bancaires, nos factures de téléphone, d'électricité, réserver nos billets de train et d'avion en ligne. Il (**faudra** – faut – va falloir) à nouveau utiliser les versions papier et se déplacer physiquement pour réserver nos billets. L'environnement en (souffre – va souffrir – **souffrira**).

→ Sandra

5 En attendant que cela arrive, je (lis – lirai – **vais lire**) mes e-mails et, ce soir, je (regarde – **vais regarder** – regarderai) le film que j'ai téléchargé hier.

→ Didier

6 Oui, il faut en profiter. Demain tout (**peut** – pourra – va pouvoir) changer !

b) Justifiez vos choix.

1 _dans 10 ans_
2
3
4

5 en attendant → ce soir
6 très proche (demain)

5 Lisez les commentaires de personnes interrogées sur les nouvelles technologies lors d'un micro-trottoir et conjuguez les verbes aux temps qui conviennent.

1 Personnellement, je suis très pessimiste. Je crois que les gens vont comprendre [comprendront] (comprendre) ce qui se passe vraiment quand il sera (être) trop tard. (*Gina, 42 ans*)

2 Alors, moi, je suis convaincue qu'on trouvera [va trouver] (trouver) bientôt un moyen efficace de lutter contre ces technologies qui nous envahissent. On va s'apercevoir (s'apercevoir) vite de l'impact négatif des écrans sur notre santé. (*Melina, 32 ans*)

3 J'imagine qu'un jour nous serons (être) totalement connectés et que le téléphone nous permettra (permettre) de nous relier au monde partout et tout le temps. J'aime l'idée que personne ne se sentira (se sentir) seul, mais je suis peut-être naïf. (*Kamel, 25 ans*)

4 C'est amusant, votre question, parce que je vais participer (participer) justement demain et après-demain à un colloque intitulé « L'influence des nouvelles technologies sur l'environnement » ! Je pourrai (pouvoir) vous en dire plus dans deux jours. (*Étienne, 35 ans*)

5 Je me sens déjà surveillée à tout moment. Il faudra [va falloir] (falloir) trouver un moyen d'arrêter cet espionnage grandissant. (*Andrea 22 ans*)

6 Je suis incapable de vous dire à quoi ressemblera (ressembler) notre monde dans les cinquante prochaines années. En tout cas, moi, je ne serai plus (ne plus être) là pour en parler ! (*Louis, 75 ans*)

GRAMMAIRE — Le futur antérieur

6 Un chef d'entreprise qui a décidé de prendre des mesures écologiques dans son usine doit s'absenter pendant plusieurs semaines. Il laisse des instructions à ses collaborateurs. Transformez-les comme dans l'exemple.

Exemple : Après avoir reçu la nouvelle pompe à chaleur, prenez contact avec l'installateur.
→ Quand **vous aurez reçu** la nouvelle pompe à chaleur, vous **prendrez** contact avec l'installateur.

1 N'oubliez pas de me téléphoner après avoir vérifié la nouvelle installation de chauffage solaire.
Quand vous aurez vérifié ..., vous me téléphonerez.

2 Notez soigneusement toutes vos observations et envoyez-les-moi ensuite.
Quand vous aurez noté ..., vous me les enverrez [n'oubliez pas enverrez].

3 Vérifiez bien que l'isolation est adaptée avant de mettre le chauffage en marche.
Quand vous aurez vérifié ..., vous mettrez ...

4 Terminez la campagne sur le recyclage des déchets et communiquez-moi le résultat.
Quand vous aurez terminé ..., vous me communiquerez.

5 Assurez-vous qu'un maximum de déplacements s'effectuent en train et offrez une demi-journée aux employés qui s'y tiennent.
Quand vous aurez assuré [vous serez] ..., vous offrirez ...

UNITÉ 9

7 Conjuguez les verbes entre parenthèses au temps qui convient, puis indiquez dans quel ordre se déroulent les actions.

1 Je **retournerai** (retourner) dans ce supermarché quand il **aura développé** (développer) le rayon des produits bio.
Action 1 : _développer_   Action 2 : _retourner_

2 Quand vous **aurez éteint** (éteindre) toutes les lumières, vous **pourrez** (pouvoir) partir.
Action 1 : _éteindre_   Action 2 : _pouvoir_

3 Nous **achèterons** (acheter) une voiture quand ce fabricant **aura mis** (mettre) au point les véhicules électriques ou hybrides.
Action 1 : _mettre_   Action 2 : _acheter_

4 Quand nous **aurons réussi** (réussir) à ne consommer que des fruits et légumes locaux, les dépenses en énergie **diminueront** (diminuer).
Action 1 : _réussir_   Action 2 : _diminuer_

5 Nous **viendrons** (venir) vous rendre visite quand vous **aurez équipé** (équiper) différemment votre maison.
Action 1 : _équiper_   Action 2 : _venir_

8 Vous avez participé à la dix-huitième édition de la Fête de l'environnement et vous êtes extrêmement déçu(e) : en effet, la réalité était très différente du programme prévu.
a) Lisez la brochure de présentation de cette fête.

La Fête de l'environnement

Du 11 au 17 juin 2009, la dix-huitième édition de la Fête de l'environnement aura lieu dans toute la France.

À cette occasion, de nombreux événements et manifestations seront organisés afin de promouvoir la sauvegarde de l'environnement auprès des jeunes et des moins jeunes.

Les thèmes principaux de cette année tourneront autour de sujets d'actualité (les biotechnologies, la gestion des ressources alimentaires et de l'eau, les énergies renouvelables, le recyclage, la transformation des déchets, etc.).

UNE MULTITUDE DE MANIFESTATIONS

Des chercheurs, animateurs, acteurs, éducateurs seront présents dans toutes les régions de France pour vous proposer de nombreux événements et manifestations :

• ateliers, conférences-débats (ex. : le cycle de l'eau, les déchets…) ;

• diffusion de mini-reportages (ex. : comment faire un tri sélectif – fabriquer son compost – économiser l'énergie – monter un projet d'agriculture biologique – s'abonner aux paniers bio…) ;

• projection de films, quiz, tests, jeux, concours de dessins, expériences scientifiques… ;

• vente, dégustation et informations sur produits bio.

Au cours de ces rencontres, chacun pourra discuter, échanger avec des professionnels de l'environnement.

quatre-vingt-sept | **87**

b) Comme dans l'exemple, imaginez ce qui était annoncé et quelle a été la réalité.

*Exemple : Je ne comprends pas, on m'avait dit que la fête **aurait lieu** sur toute la France et, dans ma région, il ne s'est rien passé.*

1 J'avais lu dans la presse que

2 Ils avaient annoncé que

3 J'avais entendu dire que

4 Par téléphone, on m'avait précisé que

5 Ils avaient même ajouté que

GRAMMAIRE — Les expressions temporelles

9 Situez les différents événements dans le temps grâce aux expressions temporelles suivantes.

l'année suivante – en 2003 – cette fois-ci – du début des années 1980 – le 5 juillet 1997 – à l'époque

Dolly, Charlie et autres clones

La brebis Dolly, qui est morte _en 2003_ (soit six ans après sa naissance _le 5 juillet 1997_), est le premier clone de mammifère obtenu à partir d'une cellule adulte. _L'année suivante_, la même expérience était tentée aux États-Unis et au Japon, mais, _cette fois-ci_, sur des vaches.
Les premiers succès obtenus datent, en fait, _à l'époque_ _du début des années 1980_ les expériences portaient, sur le premier stade de développement de l'embryon.

Le Mag des Juniors.

10. Rédigez, à l'aide des informations ci-dessous, l'histoire de la fécondation *in vitro*. Utilisez pour cela des expressions temporelles.

1959	Invention de la fécondation *in vitro*.
26/07/1978	Naissance de Louise Brown (Manchester, Grande-Bretagne), premier bébé né d'une fécondation *in vitro*.
1982	Naissance du premier bébé-éprouvette, en France. Le bébé s'appelle Amandine.
Entre 1992 et 1995	Mise au point d'améliorations techniques, en Italie et en France.
Aujourd'hui	500 000 enfants sont nés grâce à ce procédé.

En 1959...
Le premier bébé ... le 26/07/1978.
Quatre ans après...

11. Entourez les expressions temporelles qui conviennent.

Nabaztag est né à Paris (d'abord – **en juin 2005**). Il est (alors – **ensuite**) le premier lapin communicant. Connecté directement à l'Internet en Wi Fi, il commence par chanter des chansons, émettre des messages, partager ses humeurs. (**Cela fait** – Au bout de) six mois, il apprend à lire et se met à réciter les sites web qu'il va glaner sur le Net ou à lire à haute voix les e-mails qu'il reçoit. (Très rapidement – **Puis**), il parle aussi anglais et commence une carrière internationale. (**En décembre 2006** – Autrefois), Nabaztag se découvre un nouveau talent, il est (avant de – **à présent**) capable d'obéir à la voix de ses maîtres et exécute des performances à leur demande. (**Aujourd'hui** – La même année) Nabaztag exporte de New York à Hong-Kong en passant par San Francisco, Londres et Berlin un même message : « Vivez mieux avec un lapin ! ».

D'après www.nabaztag.com/fr/

12. Mettez les phrases dans l'ordre pour reconstituer l'article.

A Les enfants ont adhéré en un rien de temps au projet proposé par leurs enseignants.
B L'année suivante, les enseignants ont décidé de créer un site Internet pour diffuser leur expérience.
C L'opération *Chercheurs en herbe*, qui vise à relancer l'enseignement des sciences expérimentales à l'école, a été lancée en 2002.
D Il faudra attendre l'année prochaine pour acheter le cédérom regroupant le résultat de ces recherches.
E Il est régulièrement réactualisé pour permettre à tous de suivre les découvertes des Chercheurs en herbe.

1	2	3	4	5
C	B	E	A	D

(✓)

13 Rédigez une courte biographie de Marie Curie en variant les expressions temporelles.

7 novembre 1867	Naissance de Marya Sklodowska à Varsovie.
septembre 1891	Arrivée à Paris. Inscription à la Sorbonne. Elle francise son prénom : Marya devient Marie.
printemps 1894	Rencontre avec Pierre Curie, physicien déjà célèbre à trente-cinq ans.
25 juillet 1895	Mariage à la mairie de Sceaux.
10 décembre 1903	Prix Nobel de physique pour les époux Curie.
1906	Décès de Pierre Curie. Elle devient la première femme de France à accéder à un poste de professeur dans l'enseignement supérieur (à la Sorbonne).
1911	Prix Nobel de chimie.

Marya Sklodowska est née

....

....

....

....

....

....

VOCABULAIRE

14 Entourez dans la grille les huit mots appartenant au domaine de la science (horizontalement et verticalement).

F	D	G	H	I	C	L	O	N	A	G	E	V	A	V	E
O	F	L	M	E	F	I	V	A	L	E	M	I	D	S	M
E	T	U	O	M	M	I	L	A	S	N	C	V	B	Y	B
T	A	J	B	I	O	L	O	G	I	E	K	U	P	N	R
U	Q	B	D	P	V	E	K	S	D	T	A	O	M	J	Y
S	R	E	P	R	O	D	U	C	T	I	O	N	P	T	O
B	N	B	E	T	P	S	A	F	L	Q	U	S	F	I	N
Q	S	E	G	S	W	E	P	R	O	U	V	E	T	T	E
V	N	R	I	E	C	S	O	Z	R	E	B	A	I	L	P

15 Associez les mots de sens proche.

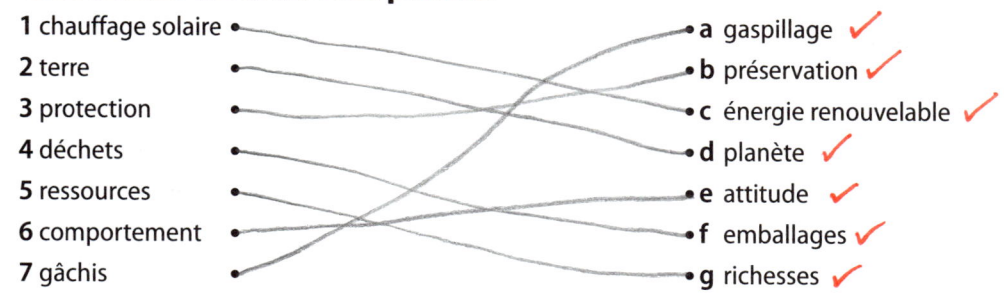

1 chauffage solaire — c énergie renouvelable
2 terre — d planète
3 protection — b préservation
4 déchets — f emballages
5 ressources — g richesses
6 comportement — e attitude
7 gâchis — a gaspillage

16 Lisez la publicité ci-dessous et retrouvez, parmi les définitions, celles des mots soulignés.

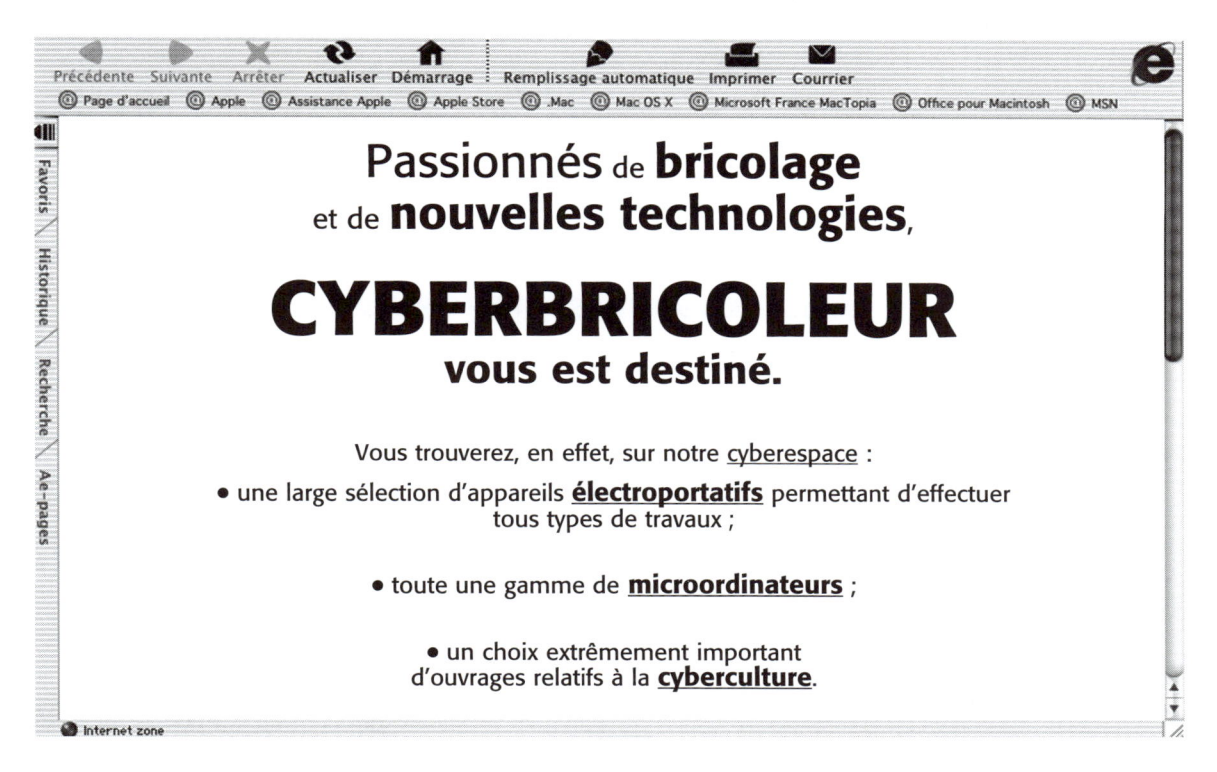

Passionnés de bricolage et de nouvelles technologies,

CYBERBRICOLEUR
vous est destiné.

Vous trouverez, en effet, sur notre <u>cyberespace</u> :
- une large sélection d'appareils <u>électroportatifs</u> permettant d'effectuer tous types de travaux ;
- toute une gamme de <u>microordinateurs</u> ;
- un choix extrêmement important d'ouvrages relatifs à la <u>cyberculture</u>.

1 Qui fonctionnent à l'électricité et peut être transporté n'importe où : **électroportatifs**

2 Appareils informatiques de petite taille : **microordinateurs**

3 Lieu de rencontres ou d'échanges sur Internet : **cyberspace**

4 Qui ne peuvent être vus sans instrument d'optique : ———

5 Ensemble des connaissances relatives aux techniques de communication moderne : **cyberculture**

6 Qui utilisent l'énergie électrique : ———

17 Gènes de champions

Champions, les embryons ?

La science est déjà capable de sélectionner des êtres humains fabriqués *in vitro* en fonction de la qualité de leur patrimoine génétique. Dans un avenir proche, ses progrès pourraient bien changer le corps des athlètes et le visage du sport. Le couple pourrait même devenir la première des usines à champions…

Ce sont deux mondes qui se croisent sans (encore) vraiment se connaître. Au nord du campus de l'Université de Californie à Los Angeles (UCLA), sur la piste du Drake Stadium, transpirent quelques-uns des meilleurs athlètes de la planète, Maurice Greene, Ato Boldon, Inger Miller, bientôt rejoints par Christine Arron. Vingt minutes de marche au milieu des pelouses […], et voici le monde beaucoup plus aseptisé des scientifiques de l'UCLA. Parmi ces champions en blouse blanche qui collectionnent les distinctions comme d'autres les médailles d'or, le docteur Gregory Stock a su se constituer un sacré palmarès au moins autant médiatique que scientifique.

Sélection puis manipulation

Le *« Maurice Greene de la bioéthique »* reconnaît bien volontiers qu'il n'est pas vraiment un fan de sport, tout en étant persuadé que ses travaux vont de plus en plus concerner ses voisins de campus du Drake Stadium. Car, à l'écouter, l'homme, et donc l'athlète du XXIe siècle, sera génétique ou ne sera pas. […] *« La question n'est plus de savoir si, mais quand cela va se passer »*, affirme dans un sourire qui se voudrait rassurant le bon docteur Stock.

Entendons-nous bien : aucun laboratoire, aux États-Unis ou ailleurs, ne travaille actuellement à la fabrication d'un superathlète, mais des recherches effectuées pour soigner, par exemple, des maladies très graves seront susceptibles d'être utilisées très bientôt en sport. Ainsi, le 13 novembre dernier, naissait à Clamart le jeune Valentin, premier bébé français issu d'une sélection génétique[1]. Lors d'une fécondation *in vitro*, les médecins ont conçu huit embryons : quatre étaient porteurs du gène d'une très grave maladie dont les parents de Valentin étaient porteurs, mais les quatre autres étaient viables. L'enfant est né de l'un de ces quatre embryons « sains ».

Le rapport avec le sport ? Énorme, affirment certains scientifiques essentiellement américains.

« Grâce aux tests génétiques, dans cinq à dix ans, on pourra sûrement identifier 80 % des enfants qui possèdent le potentiel nécessaire pour devenir un grand athlète. On saura même si l'enfant sera plutôt prédisposé à devenir un grand basketteur ou un bon nageur », annonce ainsi le professeur Lee Silver, généticien à Princeton. De la même façon qu'il existe certains *« mauvais »* gènes synonymes de maladies, il serait donc possible de déterminer quels sont les *« bons »* gènes de la performance sportive.

Voilà pour la sélection génétique. À un horizon beaucoup plus lointain, disons très approximativement la fin du siècle, les mêmes scientifiques américains nous promettent un phénomène encore plus inquiétant : celui de la manipulation. Il ne s'agirait plus seulement de choisir un embryon mais de le modifier, en lui inculquant génétiquement la précision d'un Tiger Woods ou la force athlétique pure d'un Shaquille O'Neal. Bref, des vrais bébés à la carte qui nous obligeront peut-être un jour à organiser deux sortes de compétitions sportives : celles réservées aux athlètes garantis 100 % humains et celles qui verront s'opposer des champions génétiquement modifiés…

Seule certitude ou presque : même si les embryons champions existent un jour, ils auront plus que jamais besoin après leur naissance des conseils avisés d'un bon vieux coach, ou d'un papa dévoué qui les emmène tous les jours à l'entraînement. *« Vous pouvez avoir un clone parfait de Michael Jordan, s'il ne grandit pas dans le même environnement, s'il ne possède pas la même motivation, il ne jouera peut-être jamais au basket, ou en tout cas pas au niveau de Jordan »*, prévient Gregory Stock. Les gènes n'expliqueront jamais tout, et c'est très bien comme ça.

Jean-Philippe Leclaire, *L'Équipe*, 03/01/2001.

[1]. La loi française réserve l'utilisation de ce type de diagnostic uniquement à des familles touchées par une maladie « rare et incurable ».

1 Lisez le titre et le chapeau de l'article p. 92. Puis, indiquez en une phrase pourquoi un journal sportif comme *L'Équipe* s'intéresse à la génétique.

2 Lisez l'article.

a Expliquez les expressions suivantes.

1 Le « Maurice Greene de la bioéthique » (2ᵉ paragraphe) : *un des meilleurs scientifiques* ✓ *aussi un « champion »*

2 des vrais bébés à la carte (5ᵉ paragraphe) : *qui sont génétiquement modifiés en perfection* (✓) *et choisir !*

b Soulignez toutes les expressions temporelles et observez les informations qui les accompagnent. Puis, complétez le tableau suivant.

Quand ?	Quoi ?
En 2000,	une équipe de médecins français a permis à un enfant, grâce aux techniques de sélection génétique, de ne pas naître avec la maladie incurable dont ses parents étaient porteurs.
Dans les prochaines années,	
Dans un avenir bien plus éloigné,	
Un jour peut-être,	

3 a Repérez les verbes utilisés pour citer les personnes interrogées. Classez-les selon qu'ils indiquent

   1 un constat :
   2 une certitude :
   3 une prédiction :

b Dites, à partir de ce classement, si le point de vue des chercheurs interrogés est formel ou incertain.

❏ formel   ❏ incertain

c Justifiez votre réponse précédente à l'aide de l'une des citations du docteur Stock.

4 Relevez quelles sont, en dehors du profil génétique, deux des conditions nécessaires pour faire un grand champion.

ÉCRIRE

18 Courrier des lecteurs

Vous venez de lire l'article paru dans le journal *L'Équipe* (p. 92) et vous aimeriez apporter votre point de vue sur les sélections et les manipulations génétiques, notamment – mais pas exclusivement – dans le cadre du sport.

Envoyez une lettre au courrier des lecteurs de ce quotidien. (120 mots)

19 La maison de demain

Journaliste pour un magazine grand public, vous venez de découvrir la publicité ci-contre.

Vous décidez, à l'aide des informations figurant dans cette publicité, de rédiger un article dans lequel vous décrirez la maison de demain. Pensez à donner un titre et un chapeau à votre article.

TVLINK

Gérer ses automatismes grâce à un simple téléviseur et une télécommande…

Teleco Automation propose de centraliser les commandes d'automatismes avec le TVLink. Celui-ci permet de contrôler des équipements depuis un téléviseur ou un téléphone portable : éclairage, climatisation, alarme, volets, etc. Sa capacité à gérer les alarmes le rend idéal pour la centralisation des événements et la prévention. Au moindre souci, TVLink envoie un message vers un téléphone portable. Des actions peuvent alors être effectuées à distance : imaginez la réaction d'un malfrat* face à la chaîne hi-fi qui s'allume toute seule, les volets fermés et les lumières éteintes…
Les commandes à distance rendent bien d'autres services, pas seulement dans le domaine de la sécurité : entretenir un jardin depuis son lieu de vacances, chauffer la maison avant d'y arriver, ouvrir la porte du garage sans sortir sous la pluie, etc.

La maison de la domotique.

* Une personne malhonnête.

UNITÉ 10

Et si on sortait ?

GRAMMAIRE — Le discours rapporté au passé : concordance des temps

1 Transformez les phrases comme dans l'exemple.

Exemple : Il n'aime pas le cinéma, mais il a adoré ce film qui lui a rappelé son enfance.
→ Il a expliqué qu'*il n'aimait pas le cinéma, mais qu'il avait adoré ce film qui lui avait rappelé son enfance.*

1 J'ai envie de découvrir tous les films de ce réalisateur, même ceux qu'il tournera dans les prochaines années.
Il a déclaré que qu'il avait envie…, même ceux qu'il tournerait…

2 Le début est assez hésitant et les acteurs jouent maladroitement, mais le dernier quart d'heure m'a totalement ébloui.
Il a constaté que le début était… les acteurs jouaient…, mais le dernier quart d'heure lui avait…

3 Le rythme du film et son point de vue original apportent un éclairage nouveau sur ce thème connu. Le film m'a captivé !
Il a trouvé que le rythme … apportaient(s). et que le film lui avait…

4 C'est le meilleur film sorti depuis des années. Il montre une grande sensibilité et est magistralement interprété.
Il a affirmé que c'était le meilleur… et qu'il montrait … et était…

5 Les spectateurs ont été émus par le jeu de l'actrice principale.
Il ajouté que les spectateurs avaient été f.

6 La mise en scène souligne la justesse et la complexité des sentiments.
Il a remarqué que la mise … soulignait …

7 C'est la dernière fois que je vais au cinéma ! Je n'y retournerai jamais.
Il a annoncé que c'était … qu'il allait .. et qu'il n'y retournerait…

2 Retrouvez les questions posées à Thierry Frémaux, directeur de l'Institut Lumière et du festival Lumière 2009*.

* Lumière 2009 est un festival de cinéma se déroulant à Lyon.

Exemple : Un journaliste a demandé au directeur de l'Institut Lumière si ce nouveau festival avait été organisé par le ministère de la Culture. → *Est-ce que ce nouveau festival a été organisé par le ministère de la Culture ?*

1 Quelqu'un a voulu savoir pourquoi la ville de Lyon avait été sélectionnée pour ce festival.
a été ?

2 L'un des participants lui a demandé combien de réalisateurs s'étaient déplacés.

_____ se sont déplacés ✓ _____ ?

3 Une femme l'a interrogé pour savoir quel était son film favori.

_____ est ✓ _____ ?

4 Une adolescente lui a demandé si le public avait été satisfait du programme proposé.

_____ a été ✓ _____ ?

5 L'une des personnes présentes a voulu savoir ce que le lauréat du prix Lumière allait gagner exactement.

_____ il~~a~~ va gagner _____ ?

6 Un journaliste étranger l'a interrogé pour savoir si on trouverait des critiques sur Internet.

_____ trouvera _____ ?

7 Un jeune homme lui a demandé quel DVD il choisirait d'apporter en avec lui sur une île déserte.

_____ tu choisiras (✓) _____ ?

3 **Rapportez les paroles de Thierry Frémaux. Utilisez les verbes introducteurs suivants :**
dire – expliquer – répondre – déclarer – préciser – constater que.

> **Journaliste :** Le festival a-t-il contribué financièrement à la restauration de certains films ? Est-ce un objectif pour les prochaines éditions ?
>
> **Thierry Frémaux :** C'est en effet l'un de nos objectifs : que le Festival ne se contente pas de montrer des films mais contribue à la préservation et à la restauration du cinéma classique. Le plus important ce sont les œuvres et nous voulons des images et bandes-son restaurées pour des projections de qualité. Le festival a donc contribué financièrement à la restauration des films de Sergio Leone avec la Cineteca de Bologne. Des distributeurs ont aussi profité de l'occasion pour montrer des films qui seront bientôt dans les salles. Nous en profitons aussi pour commencer par le début : les films Lumière, restaurés en numérique haute définition, avec le soutien de la famille Lumière et de l'État. C'est une splendeur. Et on y a ajouté quelques surprises en avant-première mondiale !
>
> D'après www.petit-bulletin.fr

Thierry Frémaux a répondu que c'était en effet un de leurs objectifs

GRAMMAIRE — L'expression de la conséquence

4 Transformez les phrases comme dans l'exemple.

Exemple : Le guide était captivant. On n'a pas vu le temps passer. *(si… que)*
→ *Le guide était **si** captivant **que** l'on n'a pas vu le temps passer.*

1 Ce tableau a fait impression sur lui. Il n'a pas fait attention aux autres œuvres. *(une telle… que)*

2 On avait trouvé de la documentation sur Internet avant de venir. On était déjà bien préparés. *(si bien que)*

3 Il faisait chaud. Nous ne sommes pas allés jusqu'en haut. *(si… que)*

4 Il y avait des gens qui faisaient la queue. On a renoncé à l'excursion. *(tellement… que)*

5 Il y a toujours beaucoup de visiteurs au Grand Palais. Il vaut mieux réserver. *(c'est pourquoi)*

6 Mes parents m'obligeaient à aller voir des expos ennuyeuses. Aujourd'hui, je ne mets plus les pieds dans les musées. *(c'est pour ça que)*

7 Le mardi, je ne travaille pas, mais les musées sont fermés. Je ne peux jamais y aller. *(si bien que)*

8 Cette sculpture est inabordable. Ils ont renoncé à l'acheter. *(tellement… que)*

9 Il y a un brouhaha dans ce musée ! On ne peut pas écouter le conférencier. *(un tel… que)*

5 Associez les phrases en utilisant une expression de la conséquence.

1 Il y avait plein de monde au musée d'Orsay cet après-midi.
2 Le guide qui nous a fait visiter l'Alcazar ne parlait qu'espagnol.
3 Il faisait un froid de canard dans cette cathédrale !
4 On parle de l'exposition sur Gauguin dans la presse.
5 Nous avons trois jours de congé la semaine prochaine.

a On n'a rien compris.
b J'ai décidé d'y aller à un autre moment.
c Cela attire un grand nombre de visiteurs.
d On va en profiter pour aller visiter le musée Guggenheim à Bilbao.
e J'ai attrapé un rhume.

1 *Il y avait **tellement** de monde au musée d'Orsay cet après-midi **que** j'ai décidé d'y aller à un autre moment.*

2
3
4
5

6 **Pour une fois que vous n'aviez pas de travail, vous aviez décidé de passer un week-end culturel en Bretagne. Malheureusement, rien ne s'est déroulé comme vous le souhaitiez. Imaginez les conséquences des différentes situations suivantes (en utilisant à chaque fois une expression de conséquence différente).**

Exemple : Il a plu tout le week-end. → *Le week-end a été **tellement** pluvieux **que** je ne suis presque pas sorti(e) de l'hôtel.*

1 Tous les musées étaient fermés.

2 J'avais oublié de prendre un ou deux livres avec moi.

3 Le seul château que j'aurais pu visiter n'avait pas un grand intérêt.

4 J'ai mangé dans un restaurant de pêcheurs : le poisson n'était pas frais.

5 Il y avait un mariage dans l'hôtel. Je n'ai pas pu dormir.

6 Ma chambre ne donnait pas sur la mer, mais sur les poubelles de la cour.

7 **Complétez l'article avec les verbes et expressions suivants :**
tellement + adjectif + *que* – *provoquer* – *donner lieu* – *un(e) tel(le)* + nom + *que* – *si* + adjectif + *que*.

Crise
dans le monde du spectacle

La remise en cause du statut des salariés intermittents _____ à de nombreuses réactions dans le monde du spectacle. Par ailleurs, les manifestations qui ont suivi l'annonce faite par le gouvernement se sont déroulées dans _____ climat de tension _____ les forces de l'ordre ont dû intervenir. Elles _____, en outre, l'annulation de nombreux festivals durant l'été. Pour sa part, le public ne s'est pas montré très solidaire avec les professionnels du spectacle dont il ne comprend pas toujours la situation. Les intermittents, eux, se disent _____ menacés _____ ils sont prêts à poursuivre leur action pour une durée indéterminée. Interrogé sur ce sujet, le ministre de la Culture considère que « la situation est _____ confuse _____ on ne saurait dire comment elle va évoluer ».

GRAMMAIRE — L'expression du but

8 Complétez les articles avec les expressions suivantes : *afin de – le but est de – l'objectif…, c'est que – afin que.*

PÉRIGUEUX
Mim'Off

1. 28 compagnies se succèderont toute la semaine _____ piquer votre curiosité dans chaque recoin de Périgueux ! De performances gestuelles en petites formes de théâtre d'objets, le public du festival aura sans doute de quoi satisfaire sa soif de nouveauté !

Haute-Normandie
Régions sur Seine

2. _____ de ce festival, _____ la vallée de la Seine soit mise en valeur grâce à une grande variété artistique (théâtre, jazz, cabaret, danse, cinéma) ; tout ceci _____ le public puisse profiter des spectacles dans des lieux inhabituels.

Blanquefort
Festival de théâtre amateur

3. _____ partager leur passion avec tous, la troupe *Expression* a créé ce festival qui permet à toutes les troupes amateurs de se produire en dehors de leurs lieux habituels. Il se déroulera les 28, 29 et 30 septembre prochains.

---

9 Complétez les phrases avec une expression du but. Plusieurs réponses sont possibles.

1 Le 20 mars, il y aura une Soirée de la pub francophone _____ mieux faire connaître cet art.

2 _____ on puisse comparer les annonces, plusieurs pays francophones seront représentés.

3 _____ les spectateurs expriment leurs idées, un débat sera organisé après la projection.

4 On expliquera les éléments constitutifs d'une pub _____ savoir l'analyser.

5 _____ mener une réflexion sérieuse sur la pub, vous devez participer à cette soirée.

10 Transformez les phrases comme dans l'exemple.

Exemple : ouverture du château d'Angers le week-end – faciliter son accès à tous
→ Il est important d'*ouvrir le château d'Angers le week-end* **afin de** *faciliter son accès à tous.*

1 mise en place de la gratuité dans les musées pour les moins de douze ans – inciter les plus jeunes à visiter les musées

→ Nous voulons _____

2 organisation de visites guidées de certains monuments de la ville – sensibiliser les habitants à leur patrimoine

→ Il est nécessaire que l'on _____

3 création d'une salle d'exposition – programmer des expositions régulières

→ Il est indispensable de _____

4 distribution de l'agenda culturel dans les boîtes aux lettres – informer les habitants sur les possibilités qui s'offrent à eux

→ _____

5 création d'ateliers de rénovation de monuments – faire prendre conscience du travail quotidien nécessaire au maintien de notre patrimoine

→ _____

11
Voici deux manifestations organisées par le ministère de la Culture, en France. Imaginez, pour chacune d'elles, deux ou trois objectifs différents, en variant à chaque fois les expressions de but.

1 _____

2 _____

VOCABULAIRE

12 Associez le lieu à la personne que l'on peut y rencontrer.

1 une salle de concert
2 un atelier d'artiste
3 une salle de danse
4 un théâtre
5 un cinéma
6 une bibliothèque
7 un monument historique

a un documentaliste
b une chorégraphe
c une habilleuse
d un projectionniste
e un conservateur
f une musicienne
g un sculpteur

13 Terminez les phrases à l'aide des expressions suivantes :

prendre des mesures – avoir accès – faire passer un message – rencontrer d'autres artistes – être fermé au public – mettre les pieds.

1 Le vernissage de l'exposition ? Oh ! moi, vous savez, j'y vais juste pour _____.
2 Pourquoi, tous les mardis, les musées _____ ?
3 La baisse d'intérêt pour l'art est regrettable. Il faudrait _____.
4 Les entrées des musées sont beaucoup trop chères ! Tout le monde devrait y _____ !
5 Le rôle d'un artiste ? Avant tout, il doit _____.
6 Enfant, il détestait les musées. Il ne voulait pas y _____.

14 Barrez l'intrus.

1 château – concert – église – palais
2 patrie – patrimoine – biens – héritage
3 aide – subvention – don – impôt
4 monument – jardin – édifice – bâtiment
5 conservation – restauration – travail – rénovation
6 guide – visiteur – conférencier – gardien de musée

UNITÉ 10

15 Complétez le tableau suivant.

Lorsque…	vous êtes…
1 vous écoutez la radio	un _____ / une _____
2 vous regardez la télévision	un _____ / une _____
3 vous lisez un livre	un _____ / une _____
4 vous vous rendez dans un musée	un _____ / une _____
5 vous assistez à une pièce de théâtre	un _____ / une _____
6 vous allez au cinéma	un _____ / une _____

16 a) Retrouvez sept métiers artistiques dans la grille.

D	Z	E	C	R	I	V	A	I	N	O	B	A
S	M	T	G	E	I	D	J	S	E	G	I	R
X	U	F	D	A	N	S	E	U	R	J	J	T
I	S	D	U	L	R	T	D	O	A	V	S	O
R	I	O	H	I	E	T	S	T	E	A	E	I
Q	C	M	U	S	C	U	L	P	T	E	U	R
W	I	A	D	A	T	S	E	R	D	S	A	H
P	E	I	N	T	R	E	D	K	H	I	N	X
R	N	S	Q	E	A	D	F	G	E	T	I	M
E	G	C	S	U	G	L	T	E	R	U	J	O
A	S	E	A	R	C	H	I	T	E	C	T	E

b) Dites à quel art chaque métier correspond.

1 écrivain → la littérature
2 _____ → _____
3 _____ → _____
4 _____ → _____
5 _____ → _____
6 _____ → _____
7 _____ → _____

17 Cochez les définitions exactes.

1 ❏ C'est une adepte du septième art : elle aime beaucoup le cinéma.
2 ❏ Lui, c'est un gros lecteur : il mange toujours en lisant.
3 ❏ Les visiteurs sont saisis par cette œuvre : ils sont très impressionnés.
4 ❏ Cet artiste initie une nouvelle démarche : il a inventé une nouvelle façon de marcher.
5 ❏ Il est en train de lire un pavé : son livre est très épais.
6 ❏ Ils sont amateurs d'art contemporain : ils aiment beaucoup l'art contemporain.

18 Le cinéma français à l'étranger

Le secret de la réussite du cinéma français à l'étranger

Avec 188,82 millions de spectateurs sur son seul territoire en 2008, le cinéma français se porte bien chez lui. Il s'exporte également avec beaucoup de succès et attire un public toujours plus nombreux à travers le monde grâce à l'action d'Unifrance, l'organisme de promotion du cinéma français à l'étranger.

Créée en 1949 par les pouvoirs publics français, Unifrance assure la promotion du cinéma national à l'étranger. Soutenue par près de 600 adhérents, cette association regroupant notamment des producteurs et des réalisateurs français, soutient la promotion des œuvres cinématographiques en favorisant, par exemple, le déplacement des artistes dans le monde entier. Elle organise aussi des manifestations culturelles destinées à faire connaître davantage le cinéma français à l'étranger. Généralement ouverts au public, ces évènements ont pour but de populariser les films français ainsi que les équipes artistiques qui les accompagnent. Ce même objectif a conduit l'association à créer, en 2003, un programme de rencontres entre réalisateurs français renommés et étudiants d'écoles internationales de cinéma. Intitulée *On Set with French Cinema*, cette opération a ainsi permis à Claude Lelouch de passer quelques jours avec les élèves de l'Institut national de cinématographie de Moscou ou à Jean-Pierre Jeunet de donner des *master class* à ceux de l'Université de Californie à Los Angeles.

Financé par le Centre national de la cinématographie, Unifrance reçoit aujourd'hui une aide du secrétariat d'État au Commerce extérieur français. Ce nouveau partenariat lui permet non seulement de bénéficier de financements supplémentaires, mais facilite aussi les déplacements des artistes et des entreprises de l'audiovisuel. [...]

En 2008, près de 80 millions de spectateurs étrangers ont vu des films français. C'est un record, jamais les productions françaises n'avaient connu une telle réussite à l'étranger. Les cinq films qui ont comptabilisé le nombre d'entrées le plus important sont certes majoritairement des productions à gros budget, mais des longs métrages plus confidentiels ont également permis la bonne tenue du 7e Art français en dehors de l'hexagone. *Babylon A.D.* de Mathieu Kassovitz arrive en tête du box-office avec 10,13 millions d'entrées, suivi d'*Astérix aux jeux Olympiques* de Thomas Langman et Frédéric Forestier avec 9,17 millions d'entrées, et de *Taken* de Pierre Morel avec 8,85 millions d'entrées. *Caramel*, film franco-libanais de Nadine Labaki, sorti dans 21 pays, prend la 9e place et séduit 1,2 million de spectateurs. D'autres longs métrages, a priori destiné à un public national, ont également conquis les spectateurs étrangers : *Ne le dis à personne* de Guillaume Canet, sorti dans sept pays, a beaucoup marqué cet été Outre-Atlantique, raflant plus de 4,5 M$ au box-office américain ; *Il y a longtemps que je t'aime* de Philippe Claudel, sorti dans 12 pays, a séduit plus d'un million de spectateurs ; *La graine et le mulet* d'Abdellatif Kechiche ou *Le fils de l'épicier* d'Éric Guirado, sortis respectivement dans 16 et 12 pays, totalisent 716 000 et 337 000 spectateurs. Ces films ont été de véritables succès en France, trouvant lentement mais sûrement leur public. Ceci a provoqué l'intérêt des acheteurs du monde entier qui, encouragés par les opérations d'Unifrance, se sont engagés sur ces longs métrages.

Chahuté par la crise économique, Unifrance doit aujourd'hui faire face à de nouveaux défis. Nouvellement élu président de l'association, le producteur français Antoine de Clermont-Tonnerre souhaite défendre l'institution et lui donner les moyens d'une ambition élargie. Comme ses prédécesseurs, un seul objectif conduit son action : faire rayonner le plus largement possible le cinéma français.

D'après *www.ambafrance-uk.org*, Anne-Laure Bell, 18 février 2009

UNITÉ 10

1 Lisez l'article p. 101.

a Cochez les réponses correctes.

Unifrance :

1 ❏ assure la promotion du cinéma français à l'étranger.
2 ❏ regroupe 600 producteurs et réalisateurs français.
3 ❏ favorise le déplacement des artistes français dans le monde entier.
4 ❏ organise des manifestations culturelles en France et à l'étranger.
5 ❏ gère un programme de rencontres entre réalisateurs français et écoles de cinéma étrangères.
6 ❏ ne reçoit aucune aide financière.
7 ❏ est responsable du succès du cinéma français à l'étranger en 2008.
8 ❏ a été touché par la crise économique.
9 ❏ doit trouver d'autres moyens pour survivre.

b Relevez les mots équivalant aux mots ou expressions suivants (ces mots suivent l'ordre du texte).

1 très connus : _____
2 association : _____
3 voyages : _____
4 films longs : _____
5 cinéma : _____
6 la France : _____
7 attire : _____
8 tout d'abord : _____
9 en Amérique : _____
10 remportant : _____
11 de manière posée et certaine : _____
12 se propager : _____

2 Lisez à nouveau le texte.

a Répondez aux questions.

1 Combien a-t-on compté de spectateurs de films français en France en 2008 ?

_____

2 Combien a-t-on compté de spectateurs de films français à l'étranger en 2008 ?

_____

3 Combien a-t-on compté de spectateurs à l'étranger pour les différents films français cités dans l'article ?

_____

b Citez les trois catégories de films français ayant connu du succès à l'étranger. Donnez des exemples quand c'est possible.

1 ....

2 ....

3 ....

c Reformulez les phrases.

1 « Chahuté par la crise économique, Unifrance doit aujourd'hui faire face à de nouveaux défis. »

....

....

2 « Nouvellement élu président de l'association, le producteur français Antoine de Clermont-Tonnerre souhaite défendre l'institution et lui donner les moyens d'une ambition élargie. »

....

....

....

ÉCRIRE

19 Pratiques culturelles

Le magazine *Tendances* souhaite publier un dossier sur les pratiques culturelles et propose à ses lecteurs de réagir, par écrit, à la citation suivante : « Il faut être riche de temps et d'argent pour avoir une vie intellectuelle : la culture n'est pas à la portée des plus démunis de la société. » (Hélène Ouvrard, écrivaine québécoise.)
Écrivez au magazine pour donner votre opinion.

20 Les festivals de cinéma

Vous êtes chargé de rédiger pour un site Internet la description d'un Festival de films. Choisissez celui qui vous inspire le plus parmi les festivals proposés ci-dessous. Rédigez un texte de 200 mots environ.
- **Festival du film européen des Arcs** www.lesarcs-filmfest.com
- **Festival du documentaire à Marseille** www.clermont-filmfest.com
- **Festival du cinéma fantastique** www.festival-gerardmer.com

UNITÉ 11
Du coq à l'âme

GRAMMAIRE — Les adverbes de manière, de quantité et d'intensité, de temps et de fréquence

1 Complétez les textes avec les adverbes suivants. Certains adverbes peuvent être utilisés plusieurs fois.

très – plutôt – culturellement – généralement – assez – largement – rarement – toujours – certainement – malheureusement

1 *Pics de pollution*

En cas de pics de pollution, les Français réduisent _____ leur vitesse. Les plus jeunes (20-30 ans) conservent _____ leurs habitudes de conduite, mais cette attitude est _____ due au fait que la plupart ont _____ été vigilants depuis leurs débuts sur la route. Ils sont, par contre, _____ nombreux à utiliser les transports en commun en cas de pics de pollution, mais n'adoptent que _____ la solution du co-voiturage qui est _____ utilisée par les 35-49 ans.

2 *Zone de rencontre*

Le concept de « Zone de rencontre » (piétons, vélos, voitures et autres usagers se côtoient sur la chaussée) est déjà _____ mis en œuvre dans d'autres pays comme les Pays-Bas, la Suisse et l'Angleterre. Mais l'accueil réservé à ce concept en France est _____ mitigé. En effet, les Français pensent que c'est _____ difficile à appliquer en France. À l'inverse, une minorité de Français estime que c'est l'avenir d'une vie _____ harmonieuse en société.

3 *Téléphone et conduite*

Parmi les utilisateurs de téléphone portable, près de 29 % déclarent téléphoner _____ ou _____ en conduisant avec un kit mains-libres et 22 % admettent ne jamais utiliser ce kit et donc à avoir un comportement _____ dangereux au volant.

2 Lisez les paroles des touristes et mettez l'adverbe à la place qui convient.

1 Non mais c'est incroyable ! Ils ne savent même pas conduire. (*correctement*)

2 Tu parles d'une gastronomie ! On a mangé du riz et des frites. (*seulement*)

3 J'ai trouvé que les gens étaient mal habillés, non ? (*assez*)

4 Quoi, une grande puissance ? On a vu des gens pauvres, nous ! (*surtout*)

5 Tu as remarqué que les hommes portaient tous la moustache ? (*pratiquement*)

6 Les souvenirs, on les achète maintenant ou à l'aéroport ? (*plutôt*)

7 Ils ont une mentalité différente de la nôtre. (*vraiment*)

3 Classez ces avis du plus positif au plus négatif.

a Les prix étaient raisonnables et l'hôtel assez bien situé, pas trop loin du centre.

b La chambre était plutôt confortable et on a beaucoup apprécié la vue sur la tour Eiffel de notre balcon.

c Impossible de fermer l'œil ! Les feux juste à côté de la fenêtre, sincèrement, plus jamais ça !

d Le séjour a été vraiment très agréable, les employés charmants, la cuisine franchement délicieuse.

e Je n'ai pas trouvé l'hôtel très propre, il y avait une mouche écrasée sur le mur de ma chambre.

1	2	3	4	5

4 Chargé(e) des relations avec la presse à l'ambassade de France, vous répondez avec diplomatie aux questions de ce journaliste maladroit. Nuancez vos explications par un adverbe.

Exemple : Il paraît que les Français ont un esprit contradictoire. C'est vrai ? (*temps*)
→ *Oui, c'est vrai qu'ils ont **parfois** un esprit contradictoire.*

1 On dit que les Français ne parlent pas d'autres langues que la leur. C'est exact ? (*manière*)

2 Selon vous, la cuisine française a-t-elle une réputation méritée ? (*fréquence*)

3 Il paraît que la qualité de certains vins a baissé. Et vous, qu'en pensez-vous ? (*quantité*)

4 Est-ce juste que les touristes trouvent les Parisiens froids et distants ? (*quantité*)

5 Aujourd'hui, les gens semblent tristes. C'est à cause de la situation économique ? (*fréquence*)

6 Comment les Français conduisent-ils, selon vous ? (*manière*)

7 Vous sentiriez-vous en sécurité sur les routes françaises ? (*fréquence*)

8 Est-ce que la France reste le pays des droits de l'homme, selon vous ? (*temps*)

9 Les Français peuvent être fiers de leur histoire, non ? (*intensité*)

GRAMMAIRE — L'expression des proportions

5 **Complétez le commentaire des résultats du sondage. Utilisez des expressions exprimant un ordre de grandeur ou une proportion.**

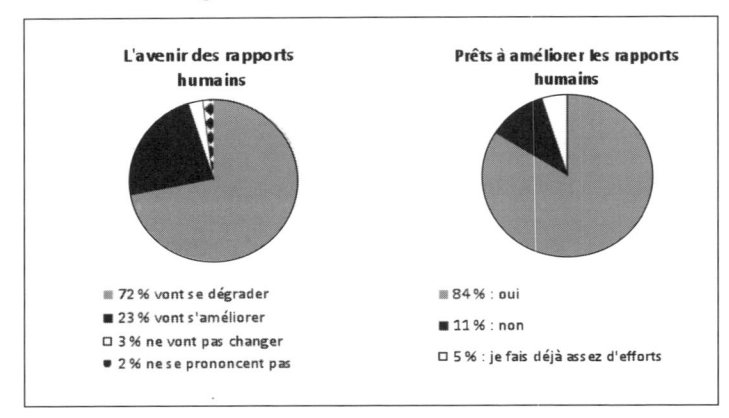

L'avenir des rapports humains
- 72 % vont se dégrader
- 23 % vont s'améliorer
- 3 % ne vont pas changer
- 2 % ne se prononcent pas

Prêts à améliorer les rapports humains
- 84 % : oui
- 11 % : non
- 5 % : je fais déjà assez d'efforts

_____ des Français estiment que les rapports humains vont se dégrader. Cependant, _____ d'entre eux espère un progrès et _____ pense que rien ne va évoluer. Quand on leur demande s'ils veulent bien faire preuve de plus de fraternité, _____ sont d'accord, et _____ ne veulent rien changer à leurs habitudes.

6 **Relevez les phrases contenant des pourcentages et reformulez-les à l'aide des expressions proposées, comme dans l'exemple.**

Exemple : « 83 % d'entre eux préfèrent passer leurs congés dans leur pays ».
→ La majorité *des Français préfèrent passer leurs vacances en France.*

Les Français en voyage

Où vont-ils ?

En toute logique, le Français va d'abord en France dans plus de 80 % des cas. Selon une étude européenne de 2006, les Français demeurent d'ailleurs les plus casaniers de l'Union européenne en matière de vacances. En effet, 83 % d'entre eux préfèrent passer leurs congés dans leur pays, contre 31 % des Danois qui sont les plus mobiles. Bref, à peine 17 % choisissent de partir hors frontières.
Quant aux priorités, le repos (à 61 %) et la découverte (37 %) sont privilégiés. C'est la mer qui reste de loin la principale destination (64 %) ; le climat jouant un rôle important pour 80 % des personnes, juste après le budget (81 %). Important aussi dans le choix des vacances : la qualité des infrastructures touristiques (74 %), les risques sanitaires (73 %) et les possibilités d'activité (70 %).

D'après *www.abm.fr.*

Chiffres : SMT, Direction du tourisme, TourMag, ABM.

1
La plupart

2
La quasi-totalité

3
D'une façon générale,

4
Plus de la moitié

5
Plus d'un tiers

6
Moins d'un tiers

7
Les deux tiers

8
Moins d'un quart

9
Une minorité

10
Un Français sur trois

7 **Résumez en cinq phrases le sondage ci-dessous en utilisant des expressions de proportions.**
Exemple : *Les deux tiers des Français partent en vacances.*

Les Français en voyage

Qui sont-ils ?

Pour à peine quelques jours ou pour plusieurs semaines environ 75 % de la population part en voyage d'agrément chaque année. Une tendance qui devrait encore s'accroître puisque l'on prévoit 90 à 95 % d'ici quelques années. Sur l'ensemble, c'est le troisième âge qui représente la principale catégorie de voyageurs-vacanciers, du moins celle passant par des prestataires. Ils forment environ 40 % de la clientèle des agences et autres professionnels du secteur. Normal puisque ce sont eux qui disposent finalement du plus de temps libre et de ressources suffisantes. Derrière cette tranche de population arrivent les cadres et professions libérales avec 35 % des acheteurs de prestations touristiques. Relativement récente, la part des professions intermédiaires (commerçants, employés) s'est accrue ces dernières années au point de représenter aujourd'hui la troisième catégorie des acheteurs.

D'après *www.abm.fr.*

Chiffres : SMT, Direction du tourisme, TourMag, ABM.

1 _____
2 _____
3 _____
4 _____
5 _____

GRAMMAIRE — La place des doubles pronoms

8 Répondez aux questions en utilisant deux pronoms.

Exemple : Vous pouvez nous expliquer ce qu'est le service minimum ?
→ Oui, je peux **vous l'**expliquer.

1 – Tu as parlé de la manifestation aux autres ?

 – Oui, je _____

2 – Je vous raconte ma journée perdue dans les transports ?

 – Oui, tu _____

3 – Je t'appelle un taxi ?

 – Oui, tu _____

4 – Tu m'as acheté un billet aller-retour ?

 – Oui, je _____

5 – Vous avez annoncé la bonne nouvelle aux autres usagers ?

 – Oui, nous _____

6 – Tu me montreras ton horaire de trains ?

 – Oui, je _____

9 Complétez les phrases avec les doubles pronoms qui conviennent.

1 C'est vraiment injuste cette loi ! Ils ne devraient pas pouvoir _____ imposer.

2 Ma carte d'électeur, je crois que je vais _____ renvoyer.

3 Mais tu ne crois pas qu'on devrait pouvoir _____ empêcher ?

4 C'est impossible. Ils ont la majorité. Nous ne pouvons pas _____ interdire.

5 Mon avis de citoyen, ils ne _____ ont jamais demandé.

6 J'avais toujours rêvé de participer à une manifestation contre le racisme. Des amis _____ ont conviée. C'était très émouvant.

7 Les autres étudiants ne savaient pas que la grève était reportée. Il fallait _____ parler.

8 Lors de l'achat de ma carte d'abonnement SNCF, l'employé m'a demandé deux photos d'identité. Alors le lendemain, je _____ ai apportées.

9 Les professeurs nous ont conseillé de faire tout notre possible pour venir au cours même pendant la grève des transports. On _____ a promis.

VOCABULAIRE

10 **Cochez, à chaque fois, les deux termes de sens identique qui conviennent.**

1 Moi, j'en ai vraiment marre de tous ces … stupides sur la France et les Français ! Ça finit par m'énerver !
❑ clichés   ❑ stéréotypes   ❑ conflits

2 Qu'on ait choisi le coq comme … sportif me semble tout à fait représentatif de l'état d'esprit des Français.
❑ emblème   ❑ critère   ❑ symbole

3 Je trouve que la nouvelle Marianne … parfaitement les valeurs actuelles de la République. Bravo au créateur !
❑ interprète   ❑ incarne   ❑ représente

4 C'est vrai qu'ici, il y a un(e) … assez étrange vis-à-vis du code la route. C'est incroyable quand même !
❑ état d'esprit   ❑ mentalité   ❑ image

5 La France est actuellement en plein(e) … ; mais tout ça prendra du temps, c'est évident.
❑ symptôme   ❑ bouleversement   ❑ mutation

11 **Indiquez si les traits de caractères suivants sont synonymes (=) ou opposés (≠).**

1 arrogant _____ méprisant
2 calme _____ posé
3 courtois _____ impoli
4 cultivé _____ instruit
5 fier _____ modeste
6 réservé _____ discret

12 **a) Complétez la grille à l'aide des définitions suivantes.**

1 Chant révolutionnaire devenu hymne national français.

2 En France, il se compose de trois couleurs.

3 Ce personnage de bande dessinée est connu pour son côté rebelle.

4 Nom donné à la France en raison de sa forme.

5 On trouve son buste dans les mairies et son visage sur les timbres.

6 Cet aliment est devenu un véritable symbole de la France à l'étranger.

7 Tour mondialement connue, je porte le nom de mon créateur.

b) On dit qu'en France il y en a autant que de jours dans l'année. Pour savoir de quoi il s'agit, retrouvez cet autre symbole de la France, grâce aux lettres situées dans les carrés gris.

13 Faites le test ci-dessous.

TEST : QUEL CONDUCTEUR ÊTES-VOUS ?

	Jamais	Parfois	Souvent
Vous arrive-t-il de zigzaguer entre les voitures ?	❏	❏	❏
Respectez-vous les distances de sécurité ?	❏	❏	❏
Considérez-vous les piétons et les deux roues comme des obstacles sur votre chemin ?	❏	❏	❏
Vous arrive-t-il de stationner sur le trottoir ou places réservées aux personnes handicapées ?	❏	❏	❏
Pris(e) dans un bouchon, vous arrive-t-il de rouler sur la bande d'arrêt d'urgence ?	❏	❏	❏
Vous arrive-t-il de ne pas respecter les passages piétons ?	❏	❏	❏
Doublez-vous une file de voiture pour ne pas attendre ?	❏	❏	❏
Vous arrive-t-il d'être impatient(e) derrière une voiture qui se gare ?	❏	❏	❏
Roulez-vous sur les pistes cyclables et les voies d'autobus ?	❏	❏	❏
Vous arrive-t-il de téléphoner en conduisant ?	❏	❏	❏
Klaxonnez-vous pour manifester votre impatience ?	❏	❏	❏
Vous arrive-t-il d'injurier les autres conducteurs ou les piétons ?	❏	❏	❏

ADDITIONNEZ VOS RÉPONSES !

★ **Vous comptez un maximum de points dans la colonne « Souvent » :**
La route est votre combat. Vous ne respectez plus rien, ni personne dès que vous êtes dans votre voiture. Vous êtes persuadé(e) d'appartenir à « la race supérieure des automobilistes ». Forts de ce titre, les conducteurs plus lents doivent s'effacer et les piétons attendre que vous soyez passé(e) avant de traverser, sous peine de subir votre courroux !

★ **Vous comptez un maximum de points dans la colonne « Parfois » :**
Suivant votre humeur et le contexte, votre comportement au volant varie. Dans vos meilleurs jours, les autres usagers de la route n'ont aucun souci à se faire. Mais, dans vos mauvais jours, il vous arrive d'oublier que le respect d'autrui est fondamental. Vous êtes courtois et attentif aux autres tant que cela ne représente pas pour vous un surplus d'effort.

★ **Vous comptez un maximum de points dans la colonne « Jamais » :**
Bravo ! Vous conduisez dans le respect des autres.

COMPRENDRE

14 Les Français à l'étranger

LES FRANÇAIS RÉÉLUS « PIRES TOURISTES AU MONDE »

Radin, râleur et impoli, le voyageur tricolore n'a pas la cote à l'étranger.

Pour la troisième année consécutive, les Français conservent leur titre. Pas de quoi pavoiser pour autant, puisqu'ils ont une fois de plus été désignés « *pires touristes au monde* » par une étude internationale réalisée par TNS Infratest pour Expedia auprès des hôteliers.

Principaux défauts ? Les Français sont râleurs, pingres et impolis. Et comme si cela ne suffisait pas, toujours selon cette étude, ils ne font aucun effort pour parler les langues étrangères. Les professionnels interrogés dans le cadre de l'étude soulèvent les difficultés pour les touristes français à s'exprimer en anglais et leur habitude à insérer ici et là des mots en français dans l'espoir de se faire comprendre. Les Français n'auraient pas non plus l'habitude de laisser des pourboires mais n'hésiteraient pas à se plaindre pour un oui ou pour un non. Et pour apporter une dernière touche au portrait de ce détestable touriste, les hôteliers interrogés affirment que *« la courtoisie à la française a vécu, et que les Français n'ont plus aucun savoir-vivre »*... Maigre consolation, les touristes français se classent en tête du palmarès en ce qui concerne la discrétion.

Les Japonais, les Anglais et les Canadiens constituent en revanche le top 3 des touristes les plus agréables. Les voyageurs du pays du Soleil Levant restent, pour la troisième année consécutive, à la première place. Un seul bémol, ils arrivent avant-derniers pour la maîtrise de la langue du pays d'accueil. Les Anglais sont très appréciés pour leur générosité : ils passent de la 30e à la 2e place entre 2008 et 2009. Quant aux Canadiens, félicités pour leur politesse, leur hygiène et leur calme, ils prennent la place des Allemands dans le classement.

Par ailleurs, l'étude révèle que les touristes sud-européens sont les plus mal vus par les professionnels, après les Français arrivent les Espagnols et les Grecs.

Cette étude a été menée par l'institut TNS Infratest du 10 au 23 juin 2009 pour Expedia International auprès de 40 000 hôteliers qui devaient s'exprimer sur neuf critères comme la politesse, la propreté, la discrétion ou encore l'élégance.

D'après *www.voyages.liberation.fr*, juillet 2009

---

1 Lisez l'article ci-dessus.

a Indiquez de quel type de texte il s'agit.

❏ un commentaire lié à une enquête ❏ un compte rendu de sondage ❏ une analyse sociologique

b Relevez les mots ou expressions équivalant aux définitions suivantes (ces définitions suivent l'ordre du texte).

1 avare : _____

2 toujours mécontent : _____

3 français : _____

4 n'est pas apprécié : _____

5 successive : _____

6 se réjouir : _____
7 avares et mesquins : _____
8 relèvent : _____
9 ajouter un dernier détail : _____
10 léger réconfort : _____
11 liste des lauréats : _____
12 Japon : _____
13 d'un autre côté : _____
14 conduite : _____

2 Lisez à nouveau le texte.

a Cochez les principaux traits de caractère des touristes français mentionnés dans le texte.

❏ avares	❏ agréables	❏ respectueux
❏ malhonnêtes	❏ généreux	❏ solitaires
❏ râleurs	❏ discrets	❏ aventuriers
❏ courtois	❏ polis	❏ impolis
❏ élegants	❏ propres	❏ polyglottes

b Observez le dessin et repérez la phrase qui, dans l'article, résume le point de vue du dessinateur concernant les Français.

_____
_____

c Reformulez les phrases.

1 « Les Français […] n'hésiteraient pas à se plaindre pour un oui ou pour un non. » _____
_____

2 « […] la courtoisie à la française a vécu, et […] les Français n'ont plus aucun savoir-vivre. » _____
_____

3 « Un seul bémol, ils arrivent avant-derniers pour la maîtrise de la langue du pays d'accueil. »
_____
_____

d Voici quelques réactions suscitées par l'article. Complétez le tableau en fonction de leur contenu.

1 C'est vrai que les Français ne sont pas très réputés pour leur sympathie. Contrairement aux Anglais qui sont souvent courtois. *(Adeline)*

2 Il y a 3 ans maintenant que je travaille dans le domaine de l'hôtellerie, au Québec, dans l'Ouest canadien et même en France. Perso, j'aurais mis l'Américain en visite guidée en premier, mais je vous aurais donné la deuxième place quand même. Parce que si l'Américain demandera à parler au responsable pour négocier son prix de chambre, il n'y a qu'un Français pour chercher une discothèque de glace, une randonnée à traîneaux à chiens et des Inuits à Québec au mois d'Août !! (Situations vraies et vécues !) *(Vivien)*

3 Comment peut-on écrire des choses pareilles ? Nous sommes allés au Népal et les Népalais considèrent les Francais comme les plus sympas et les plus gentils. Après avoir vu, de mes yeux, les autres effectivement je crois qu'il y a pire que les Français. *(Nathalie)*

4 Ça ne m'étonne pas du tout. C'est exactement ce que m'a dit un ami vietnamien, guide francophone pour touristes dans le nord du pays. Les Français ont oublié que le temps de la colonie est révolu dans le pays... et se comportent comme si tout leur était dû. *(Max)*

5 Je suis désolé de dire cela mais les Français sont arrogants, râleurs, radins, ils ne parlent aucune langue étrangère et refusent de faire un seul effort dans ce sens. Ils se plaignent sans arrêt et pensent que tout leur est dû. Les Français veulent trouver à l'étranger ce qu'ils ont chez eux. *(Bastien)*

6 Rassurez-vous chers Francais, vous n'êtes pas les pires touristes. Au contraire vous êtes très appréciés. Et, surtout, n'ayez pas honte d'afficher votre culture et langue. Est-ce que les Américains ou autres touristes font un effort de parler français en France ou au Québec ? *(Carole)*

Ceux qui sont d'accord avec l'article	Ceux qui ne sont pas d'accord (précisez sur quel point)

ÉCRIRE

15 Sécurité routière

Vous appartenez à la prévention routière de votre pays et son magazine vous demande de rédiger un article de 220 mots pour expliquer les différences entre le code de la route en France et dans votre pays.

16 Jamais contents !

Avant de partir à l'étranger, vous aviez acheté un guide de voyage concernant le pays où vous alliez. Malheureusement, lors de votre séjour, vous avez constaté quelques erreurs ou imprécisions dans les informations pratiques données par votre guide. À votre retour en France, vous décidez d'adresser un courrier aux auteurs du guide (200 mots) afin de signaler les erreurs, apporter des corrections, manifester votre mécontentement.

17 Le droit de grève en question

Afin d'élargir le débat sur l'instauration d'un service minimum dans le secteur public, le journal *Le Monde* décide de donner la parole à ses lecteurs étrangers.
Adressez une lettre au courrier des lecteurs du journal (120 mots) en comparant la situation en France avec celle de votre pays et en donnant votre opinion sur ce sujet.

UNITÉ 12

Mes envies, mes avis

GRAMMAIRE — Les pronoms et les adverbes indéfinis

1 **a) Lisez les commentaires de personnes interrogées sur leur rêve le plus cher lors d'un micro-trottoir. Entourez les pronoms et les adverbes indéfinis qui conviennent. Plusieurs solutions sont parfois possibles.**

– Si on vous donnait l'occasion de réaliser votre rêve le plus cher. Quel serait-il ?

1 Moi, j'aimerais aller (*n'importe où – chacun*) en Amérique latine – Brésil, Mexique, Chili – avec (*aucun – quelqu'un*) qui partage les mêmes goûts que moi. *(Jeanne, 70 ans)*

2 Personnellement, je rêve de faire de la plongée et d'observer les fonds marins (*quelque part – nulle part*) dans l'océan Indien ou (*n'importe quoi – ailleurs*). *(Alain, 32 ans)*

3 (*Rien ne – Tout*) me plairait plus que de vivre dans une réserve d'animaux. À mon âge, je suis arrivée au constat que (*quelqu'un – personne ne*) peut rivaliser avec l'affection et la fidélité d'un animal. *(Jacqueline, 64 ans)*

4 Depuis toujours, je veux voler, planer, flotter dans l'air, et je ferais (*quelque chose – n'importe quoi*) pour y parvenir. Pour l'instant, je n'ai expérimenté que l'avion ! Un voyage dans la lune est (*quelque chose – aucun*) qui me tente terriblement, mais c'est trop cher ! *(Jules, 22 ans)*

5 (*Chacun – Tous*) est vraiment différent ! (*Quelque chose – Tout*) ce que je veux faire, c'est parcourir des sentiers de randonnée (*ailleurs – partout*) en France. Je ne veux aller (*n'importe quoi – nulle part*) ailleurs dans le monde. Seule la France m'intéresse. *(Colin, 43 ans)*

6 (*Tout le monde – Tous*) dans ma famille partage mon souhait de vivre seule sur une île déserte, mais (*personne ne – autre*) n'a encore essayé ! J'ai adoré ce reportage sur l'explorateur français Jean-Louis Étienne qui a vécu cette expérience avec sa femme et ses jeunes enfants. Ce n'est pas à la portée de (*personne – n'importe qui*). *(Maud, 38 ans)*

7 En fait, moi, j'ai déjà accompli mon rêve le plus cher : un saut en parachute. Je m'attendais à être saisi d'une terreur indescriptible, mais je n'en ai ressenti (*quelque chose – aucune*). (*D'autres – Tous*) autour de moi étaient vraiment paniqués. *(Bernard, 45 ans)*

b) Complétez le tableau avec les pronoms et adverbes choisis précédemment.

L'indétermination porte sur…	Sens positif		Sens négatif
	Un seul élément	Un ensemble	
une personne			
un objet ou une idée			
un lieu			

2 Dites le contraire des phrases exprimées ci-dessous.

Exemple : Parmi vous, aucun n'a fait de la plongée sous-marine ?
→ *Parmi vous, tout le monde a fait de la plongée sous-marine ?*

1 Rien n'explique cette nouvelle mode pour le delta-plane.

2 Personne n'est autorisé à entrer dans cette réserve.

3 Ce sport ne se pratique nulle part maintenant.

4 Tout le monde peut participer à ce voyage.

5 Chacun a le droit de rêver.

6 Moi, je suis persuadée qu'il existe quelque chose sur Mars. J'aimerais y aller.

7 J'ai déjà visité plusieurs pays ; aucun ne m'a plu.

3 Complétez les phrases avec *n'importe qui, n'importe quoi, n'importe où*.

1 Tu es vraiment prêt à faire le tour du monde avec _____ ?

2 Tous ces nouveaux sites pour inciter au voyage, c'est _____ !

3 On ne constate pas ce phénomène _____ .

4 Tu veux traverser le Sahara tout seul ! Mais arrête un peu de dire _____ !

5 Pour être membre de ce club de sports, il ne faut pas être _____ .

6 Pas besoin d'aller au bout du monde pour être heureux, on peut l'être _____ .

GRAMMAIRE — L'expression de l'opposition et de la concession

4 Lisez les opinions suivantes et entourez les réponses qui conviennent.

1 Aujourd'hui, la situation des sans-abri s'est améliorée ; (*au contraire – pourtant*) elle est encore très précaire.

2 (*Même si – Quand même*) tu es contre cette émission, tu l'as regardée ?

3 (*Cependant – Au lieu de*) crier au scandale, il faudrait alerter l'opinion.

4 C'est (*au contraire – quand même*) regrettable que l'on profite de la misère de certains.

5 (*Au lieu de – Contrairement à*) toi, je pense que les pouvoirs publics passent trop de temps en discussions stériles et cela n'améliore pas la situation des SDF.

6 On ne comprend pas votre position : les opérations de communication sont (*par contre – tout de même*) nécessaires.

7 Une pétition contre ce genre de jeu télévisé circule, (*alors qu' – mais*) on ne sait pas si beaucoup de gens vont la signer.

5 À partir des dessins, imaginez les contradictions ou oppositions qu'ils évoquent. Proposez, à chaque fois, deux énoncés différents.

Exemple :

→ **Même s'**il a un esprit très cartésien, il lit régulièrement son horoscope.
→ Il a un esprit très cartésien, **cependant** il lit régulièrement son horoscope.

1

2

6 Associez les débuts et fins de phrases.

1 Thomas et Yves étaient amis…
2 Je vais participer à ce jeu télévisé…
3 Tous ces procédés de recrutement sont innovateurs…
4 Le paysage extérieur est magnifique…
5 C'est un peu tard…
6 Elle a consulté son horoscope avant d'envoyer son CV…

a et pourtant ils me rappellent la détresse du film de Sydney Pollack « On achève bien les chevaux ».
b mais je vais tout de même poser ma candidature.
c quand bien même ils se sont tous battus pour obtenir cet emploi.
d alors qu'elle est d'habitude très rationnelle.
e cependant les participants de ce marathon de danse de ce film vivent un enfer.
f même si je trouve cela ridicule.

1	2	3	4	5	6

7 Transformez les phrases comme dans l'exemple.

Exemple : Sa mère était une brillante juriste. Elle rêve de rester chez elle pour élever ses enfants.
(alors que) → Elle rêve de rester chez elle pour élever ses enfants **alors que** sa mère était une brillante juriste.

1 Dans ma famille, on joue au loto chaque vendredi 13. On n'est pas superstitieux. (même si)

2 Tu crois tout ce qu'on te raconte ! Tu ferais mieux de réfléchir. (au lieu de)

3 Il se mobilise rarement pour des causes sociales. Il participe aux actions des « Enfants de Don Quichotte* ». (par contre)
* Association veillant à la défense des mal-logés.

4 Tu es persuadé qu'il va trouver du travail grâce à la maison de l'emploi ; moi, je ne pense pas. (*contrairement à*)

5 C'est une manifestation populaire. Elle a un côté commercial et controversé. (*cependant*)

GRAMMAIRE — Le subjonctif passé

8 Lisez le forum ci-dessous et soulignez les verbes au subjonctif passé. Puis justifiez leur usage en complétant le tableau.

Forum — Que pensez-vous de la loi Hadopi ?

→ *Sylvain, le 06/10*

Je suis furieux que cette loi ait été acceptée. J'ai très souvent téléchargé de la musique par curiosité, et cela m'a conduit à acheter plusieurs CD. Maintenant, je ne pourrai plus choisir aussi facilement.

→ *Luc, le 06/10*

Fais comme moi. Je vais maintenant utiliser davantage *Deezer*, *KissKissBankBank* et autres. Je sais qu'il n'y a pas beaucoup de sites qui soient capables de nous procurer de la musique légalement et gratuitement pour l'instant. Il faut vraiment qu'ils se développent. Je compte sur l'imagination et la créativité des Français…

→ *Mélanie, le 07/10*

Moi, je suis du côté des musiciens et je suis ravie que leur travail soit enfin reconnu. Ces mesures étaient nécessaires, mais il faut que « l'après-Hodapi » soit clairement défini sous peu, sinon cela va être un fiasco.

→ *Patrice, le 08/10*

Ce qui me gêne c'est que dans les années 60 on ait pu enregistrer des cassettes en écoutant la radio, et que maintenant on ne puisse plus continuer. D'accord, c'était interdit mais le gouvernement avait décidé de l'ignorer à l'époque, c'était plus intelligent.

→ *Hamed, le 08/10*

C'est difficile de croire qu'en France on ait dû télécharger autant de morceaux de jazz car c'était impossible de trouver les CD dans les grands magasins de musique. Je déplore que seule cette solution ait existé et existe toujours pour les fans comme moi.

→ *Paula, le 09/10*

Il faut absolument qu'une rémunération des artistes soit mise au point avant six mois sinon le problème restera entier.

→ *Cathy, le 09/10*

Je regrette amèrement que les députés n'aient pas réfléchi davantage. Ils n'ont pas pris en considération ceux qui n'ont pas les moyens de se payer des CD et DVD. Je souhaite toutefois que cette décision permette d'améliorer la situation financière des musiciens, compositeurs, acteurs, etc.

→ *Bernard, le 10/10*

Oui, tu as raison, c'est scandaleux que le gouvernement n'ait pas passé plus de temps sur les choses essentielles comme la pauvreté, le chômage, la précarité… C'est honteux qu'ils n'aient pas mis leur loi au placard. Moi, je vais continuer à écouter des chansons et à regarder des films !

Subjonctif passé utilisé pour…	
une action accomplie dans le passé	une action accomplie dans l'avenir

9 Conjuguez les verbes entre parenthèses au subjonctif passé.

1 Je suis horrifié que tu _____ (aimer) ce film et je suis scandalisé que tu _____ (aller) le voir avec tes jeunes enfants.

2 Je suis tellement heureux qu'il _____ (gagner) un oscar. C'est un acteur extraordinaire.

3 C'est vraiment dommage que vous _____ (manquer) la dernière séance.

4 Il faut que vous _____ (voir) *À l'Origine* avant jeudi prochain.

5 C'est difficile de croire que le festival de Cannes _____ (attirer) tant de monde en juin dernier.

6 Nous sommes ravis que vous _____ (recevoir) le feu vert pour la production de votre film.

7 Tu dois être fier que ton fils _____ (être) reçu au conservatoire d'art dramatique en début d'année.

8 Je regrette amèrement que les artistes-compositeurs _____ (perdre) tant d'argent ces derniers temps.

9 C'est merveilleux que tu _____ (pouvoir) discuter avec Keira Knightley le soir de la première de son film.

10 Transformez les phrases comme dans l'exemple.

Exemple : La France a été le premier pays à adopter une loi anti-piratage. Je suis très surprise.
→ *Je suis très surprise que la France **ait été** le premier pays à adopter une loi anti-piratage.*

1 Mon fils a toujours téléchargé des films. Je suis furieux !

2 Nous sommes arrivés en retard pour la manifestation. Je suis désolée !

3 On a autorisé la publicité sur *Sportify*. Je suis exaspérée !

4 Avec la loi Hadopi, le gouvernement a voté une loi anti-jeunes. Cela me consterne !

5 L'industrie cinématographique a enfin été défendue. Je suis ravie !

6 Les ventes de disques ont reculé de 23 % en 2007 et de 20 % en 2008 à cause du piratage Internet. C'est inquiétant !

VOCABULAIRE

11 **Trouvez les expressions qui correspondent aux activités illustrées ci-dessous.**

*s'équiper correctement – entreprendre un tour de la planète – traverser le Sahara –
choisir son hébergement – avoir des vêtements adaptés – escalader des édifices – prévoir un budget-repas –
réfléchir à son itinéraire – être en forme – aimer la solitude – préparer un périple –
avoir le goût du risque – piloter un avion – s'entraîner – aimer l'eau – ne pas avoir le vertige –
s'adapter à la vie d'équipe – nager avec des dauphins – planer – grimper*

1 _____

2 _____

3 _____

4 _____

12 a) Complétez la grille à l'aide des définitions suivantes.

1 Personne sans domicile fixe.

2 Appui, support.

3 Engager des employés.

4 Découvrir, révéler.

5 Surface recouvrant une maison / habitation, un logement.

6 Boîte dans laquelle les électeurs déposent leur bulletin de vote.

b) Retrouvez, grâce aux lettres inscrites dans les carrés gris, la communauté dans laquelle chômeurs et sans-abri souhaiteraient se réinsérer.

UNITÉ 12

13 Retrouvez dans la grille huit mots se rapportant au jeu.

P	N	Y	U	I	O	P	S	O	D	F	G	B
B	A	S	L	Q	X	C	U	R	I	O	P	M
H	J	R	O	T	Y	L	M	G	A	Z	E	D
P	A	R	T	I	C	I	P	A	N	T	K	L
E	R	T	O	I	G	A	G	N	A	N	T	P
R	P	O	K	L	M	U	Y	I	H	J	K	I
D	T	Y	U	G	J	K	J	S	N	B	V	C
A	D	S	R	T	K	L	F	A	D	G	O	A
N	S	X	B	N	W	L	O	T	E	R	I	E
T	H	O	P	K	L	N	B	E	F	G	R	R
Z	A	U	G	F	O	R	T	U	N	E	Y	P
M	V	C	O	N	C	O	U	R	S	F	D	S

14 Barrez l'intrus dans les groupes de mots suivants.

1 piratage – téléchargement – illégalité – liberté
2 long métrage – film – réalisateur – documentaire
3 drame – science-fiction – interprétation – comédie
4 affiche – analphabète – spectateur – oscars
5 rôle – acteur – metteur en scène – producteur
6 SDF – DVD – CD – BD

15 Complétez les deux critiques du film *À l'origine* avec les mots proposés.

racontée – réussi – émue – bouleversant – excellent – vraie – Magnifique – déroutée

1 _____, ce film est _____, son réalisateur est encore une fois _____ ! Je suis restée longtemps _____ et _____ par cette histoire humaine tellement bien _____. Du bon cinéma pour une histoire _____ dont on suit parfaitement les enchaînements. On sent en effet arriver la fin mais ça n'enlève rien au film qui est très _____.

invraisemblable – dérangeant – incompétent – sûr – encensé – charmeur – déçue – tenus – ennuyeux – bon

2 J'ai été très _____ par ce film _____ par la critique. Même Cluzet n'est pas très _____, car il ne joue pas l'escroc _____ de lui et _____, mais un homme mal à l'aise et _____. Rien ne tient debout ! Les propos et les scènes de chantier prêtent à rire pour quiconque connaît un peu le métier. Un film _____ et _____ !

COMPRENDRE

16 L'après-Hadopi

APRÈS HADOPI, QUEL AVENIR POUR L'INDUSTRIE MUSICALE ?

L'Assemblée nationale a voté mardi le deuxième volet de la loi très controversée sur le téléchargement illégal. Un texte qui ne réglera pas la question du financement de la musique à l'heure du web. État des lieux d'un secteur en pleine mutation.

1. Hadopi résoudra-t-elle la question du téléchargement ? Rien n'est moins sûr. Le fait semble d'ailleurs désormais admis chez la plupart des acteurs du secteur et même chez les promoteurs de la loi : complexe dans sa mise en œuvre déjà en grande partie dépassée techniquement. Frédéric Mitterrand[1] n'a d'ailleurs de cesse de parler d'un texte « nécessaire mais pas suffisant » et d'aborder la question de l'après, c'est-à-dire des nouveaux moyens de financer la musique sur le web.

2. Où en est l'offre légale ? En échange d'une loi pour punir les « pirates », les industriels de la musique et du cinéma s'engageaient à mettre en place une offre de musique légale attractive en ligne. Contrairement aux USA où les ventes numériques représentent 35 % des parts de marché du secteur de la musique, la France reste à la traîne, avec 12 % du chiffre d'affaires du secteur, selon les chiffres donnés au Midem[2], le salon des professionnels de la musique, en janvier dernier.

3. Le *streaming*, une solution ? Depuis trois ans, en revanche, une offre musicale connaît un succès croissant : l'écoute en streaming, directement depuis Internet, via des plateformes dédiées. Les plus connues, le pionnier *Deezer* et le novateur *Sportify*, sont de réels succès d'audience : 43 % des internautes utilisent leurs services et les majors, réticentes au départ à collaborer, mettent désormais volontiers leurs catalogues en écoute. Mais ces deux sites n'ont pas su résoudre la question, essentielle, de leur pérennité financière.

4. Comment rémunérer les artistes ? Surtout, ces sites ne résolvent pas la question des revenus. Une chanson écoutée sur *Deezer* rapporte 0,007 centimes d'euros, selon la Sacem[3]. Pas de quoi permettre de développer pour le moment une offre viable, ni de rémunérer correctement les artistes. Là est la question centrale de l'après-Hadopi : comment permettre aux artistes de vivre uniquement des ventes numériques ?

Pour le moment, personne n'a la réponse. Si les sources de revenus s'élargissent avec les sonneries de téléphones portables, le *streaming* ou l'utilisation d'une chanson pour une publicité, ils ne suffisent pas à compenser la baisse incessante des ventes de CD.

Hadopi n'a pas fourni de réponse sur ce sujet. La gauche[4], quant à elle, agite encore et toujours la solution de la « contribution créative » : une taxe payée par tous les internautes et destinée à compenser les effets du téléchargement. Mais comment calculer qui touchera quoi ? Peut-on mesurer le succès d'un artiste au nombre de fois où il est téléchargé ? Personne, pour le moment, n'a su proposer une réponse réaliste.

5. Des projets innovants ? S'il est un élément qui ressort de ces deux ans d'âpres débats, c'est bien celui-ci : la musique doit se penser différemment. Des projets innovants tentent d'ailleurs de repenser le rapport entre consommateur, majors et artistes. Le site *MyMajorCompany* propose ainsi aux internautes de s'improviser producteurs d'artistes. Sur un créneau similaire, *KissKiss BankBank*, qui se lance à la fin du mois, cherche quant à lui à remettre les producteurs dans le jeu, en proposant aux internautes de participer au financement d'un album en échange d'un pourcentage du chiffre d'affaires, mais aussi de « goodies[5] » et de bonus. Une manière de tenter de réconcilier les consommateurs de musique avec les producteurs.

Au-delà de toutes ces questions, au-delà même de son succès ou de son échec, Hadopi aura apporté une certitude : le monde de la musique doit profondément muter pour s'adapter au numérique.

D'après Samuel Laurent, *lefigaro.fr*, 24 septembre 2009

---

1. Ministre français de la Culture.
2. Marché International du Disque et de l'Édition Musicale.
3. Société des auteurs, compositeurs et éditeurs de musique. Sa mission est de collecter les droits d'auteur et de les redistribuer aux auteurs, compositeurs et éditeurs de musique en France et dans le monde entier.
4. Le Parti Socialiste français.
5. Produits dérivés.

1 Lisez le titre, le chapeau et les cinq questions en caractères gras. Expliquez la problématique de l'article en trois phrases.

_____

_____

_____

2 Lisez le texte en entier. Relevez les mots ou expressions équivalant aux définitions suivantes (ces définitions suivent l'ordre du texte).

1 partie : _____

2 discutée : _____

3 description de la situation : _____

4 domaine : _____

5 changement : _____

6 à partir de maintenant : _____

7 ne s'arrête ... pas de : _____

8 en arrière : _____

9 entreprises très puissantes : _____

10 hésitantes : _____

11 continuité : _____

12 durable : _____

13 gagnera : _____

14 nouveaux, révolutionnaires : _____

15 marché : _____

16 montant total des ventes : _____

3 Lisez à nouveau le texte.

a Dites si les affirmations suivantes sont vraies, fausses ou si on ne sait pas.

		Vrai	Faux	On ne sait pas.
1	Frédéric Mitterand est satisfait de la loi Hadopi.	❏	❏	❏
2	Le chiffre d'affaires français dans le secteur de la musique est excellent.	❏	❏	❏
3	*Deezer* et *Spotify* sont très populaires auprès des internautes.	❏	❏	❏
4	La Sacem rémunère correctement les artistes qui passent sur *Deezer*.	❏	❏	❏
5	Les sonneries de téléphone apportent de nouvelles sources de revenus aux artistes.	❏	❏	❏
6	Depuis l'adoption de la loi Hadopi, la vente de CD a repris.	❏	❏	❏
7	Le succès d'un artiste est proportionnel au nombre de fois où il est téléchargé.	❏	❏	❏
8	Certains sites proposent aux consommateurs de devenir producteurs.	❏	❏	❏

b Reformulez les phrases.

1 « En échange d'une loi pour punir les "pirates", les industriels de la musique et du cinéma s'engageaient à mettre en place une offre de musique légale attractive en ligne. »

2 « La gauche, quant à elle, agite encore et toujours la solution de la "contribution créative" : une taxe payée par tous les internautes et destinée à compenser les effets du téléchargement. »

3 « S'il est un élément qui ressort de ces deux ans d'âpres débats, c'est bien celui-ci : la musique doit se penser différemment. »

4 « Au-delà de toutes ces questions, au-delà même de son succès ou de son échec, Hadopi aura apporté une certitude : le monde de la musique doit profondément muter pour s'adapter au numérique. »

ÉCRIRE

17 La loi Hadopi

Vous écrivez à des amis pour leur expliquer ce qu'est la loi Hadopi. Vous donnez les arguments pour et les arguments contre cette loi. (220 mots)

18 Je l'ai fait !

Vous souhaitez apporter votre témoignage sur le site *experienceextreme.com*. Racontez une expérience extrême que vous avez vécue ou que vous aimeriez vivre. (220 mots)

Évaluations

Écrit 1

Lisez l'article, puis répondez aux questions.

Montre-moi tes séries, je te dirai qui tu es

Longtemps vues comme les bouche-trous de la télé, les séries américaines cartonnent en prime time. Souvent bluffantes[1] d'inventivité, de justesse et d'efficacité. De quoi stimuler la créativité de la fiction française ?

« Voilà plus de cinquante ans que les USA produisent des séries de grande qualité ! En France, on s'est longtemps contenté de diffuser les plus politiquement correctes. Le câble a permis à des choses audacieuses d'émerger », explique Martin Winckler, auteur de plusieurs ouvrages sur le sujet. Alors pourquoi ce sentiment de nouveauté sur nos petits écrans ? Selon Fabrice de la Patellière, directeur de la fiction à Canal+[2], « tout vient de la prise de conscience par les grandes chaînes du fait que le public commençait à se lasser des héros récurrents à la française. Alors qu'en parallèle, les séries américaines, dotées d'une écriture plus moderne, fonctionnaient de mieux en mieux. »

De quoi bousculer le petit monde de la télé hexagonale ? Pourtant, au-delà de la volonté affichée, les séries *made in France* semblent encore avoir du mal à trouver leur ton. « Pour l'instant, on nous demande surtout d'étudier à la loupe ce qui marche aux USA pour refaire la même chose ! témoigne Sophie Pincemaille, scénariste et comédienne. Il y aurait pourtant bien des particularités françaises à exploiter. »

La faute à qui ? Pour certains, le public, « attaché aux locomotives bien franchouillardes[3] », n'est pas prêt. Un argument réfuté par Martin Winckler : « La demande est là, mais les chaînes ne prennent pas de risques ! Fabrice de la Patellière le reconnaît : « Dans les années 70, notre télé était plus créative. Cette fantaisie s'est perdue dans les années 1990 quand les grandes chaînes ont créé – avec succès – des héros récurrents à la Navarro[4], qui ont imposé leurs règles. Pendant quinze ans, on s'est contenté de reproduire ce qui marchait. Les Américains, eux, ne cessaient d'innover ! Dotés d'une culture de l'image qui contraste avec un certain mépris français pour la télé (considérée comme une sous-culture, du sous-cinéma), ils ont appris à maîtriser parfaitement les codes de la série. » OK, mais la France ne dispose ni du même marché, ni des mêmes moyens…

« Encore un prétexte ! tonne Martin Winckler. On peut produire de petites merveilles avec peu d'argent. L'important, c'est l'histoire. Comme en littérature, mieux vaut cent pages très intenses que trois cents où il ne se passe rien ! »

Pas de budget supplémentaire, mais un vent d'air frais du côté des auteurs. Fabrice de la Patellière : « Autrefois, la télévision brimait les scénaristes et les réalisateurs : Ne faites pas de flashback parce que ça perd les gens, ne soyez pas trop cruels parce qu'ils vont zapper. Désormais, on leur laisse plus de liberté – même si beaucoup sont tellement conditionnés qu'ils ont du mal à en profiter. » Martin Winckler confirme : « Il faut arrêter de penser qu'en France, on ne peut pas écrire de choses aussi spécifiques que *Six feet under*. Les séries américaines contiennent tant de références, de connotations, que chacun s'y retrouve à un moment ou à un autre. Cessons de nous censurer, de préjuger de ce que le public veut voir, de ce qu'il faut lui dire, de ce qu'on peut ou pas lui montrer. Les séries sont le miroir de notre société, montrons-la telle qu'elle est, tout en restant divertissants. » Pour Marjolaine Boutet, historienne et enseignante à Sciences Po, *Plus belle la vie*[5], diffusée sur France3 depuis 2004, est le reflet de ce nouvel état d'esprit. « On a demandé à nos scénaristes de se lâcher, de s'amuser », explique Olivier Szulzynger, directeur de collection. « Le but d'une fiction télé n'est pas d'être regardée religieusement mais de nourrir le dialogue, d'ouvrir la discussion – sans que le social prenne le pas sur l'histoire. Le héros télé des années 80-90 (40 ans, blanc, raisonnable) venait expliquer aux foules qu'il fallait s'aimer et se respecter. Il nous paraît plus intéressant de montrer simplement comment des gens très différents, avec leurs personnalités, leurs difficultés, leurs contradictions, essaient de vivre ensemble. Bien ou mal. »

D'après *Respect Mag*, Réjane Éreau, avril-juin 2007.

1. Intimidantes.
2. Chaîne française faisant l'objet d'un abonnement et diffusant une grande variété de films et séries mondiaux.
3. Décrivant le Français moyen (connotation négative).
4. Policier dans une série télévisée française très populaire.
5. Série télévisée française récente qui se déroule à Marseille.

1 Retrouvez dans l'article les raisons du succès des séries américaines.

2 Relevez dans le texte les caractéristiques des séries francaises
- des années 1970 :
- des années 1980-1990 :
- des années 2000 à 2010 :

3 Citez les « ingrédients » nécessaires à la réalisation d'une bonne série.

4 Dites si les affirmations suivantes sont vraies ou fausses en cochant la case correspondante et citez les passages du texte qui justifient votre choix.

	Vrai	Faux
a Le câble a fait évoluer les spectateurs français.		
b Les séries françaises cherchent leur voie, mais une d'elles l'a trouvée.		
c Le public français n'est plus attaché à ses vieilles séries.		
d Les scénaristes et réalisateurs sont plus libres d'écrire ce qu'ils souhaitent que dans le passé.		

5 Reformulez avec vos propres mots.
  a « Désormais, on leur laisse plus de liberté – même si beaucoup sont tellement conditionnés qu'ils ont du mal à en profiter. »

  b « Les séries américaines contiennent tant de références, de connotations, que chacun s'y retrouve à un moment ou à un autre. »

  c « Les séries sont le miroir de notre société. »

6 Retrouvez les passages liés à la « censure ».

7 Que signifie « sans que le social prenne le pas sur l'histoire » ?

Écrit 2

Le magazine *Télérama* propose une rubrique « les séries télévisées du monde entier ».
Vous décidez de rédiger un article sur les séries télévisées de votre pays. (220 mots)

Évaluations

Écrit 1

Lisez l'article, puis répondez aux questions.

Quand les mobiles jouent les guides de voyage

Dotés d'un GPS et parfois d'une boussole, les « smartphones » concurrencent de plus en plus les guides touristiques.

Vous êtes perdu dans Berlin, alors que votre rendez-vous avec votre client allemand commence dans 15 minutes ? Ce n'est plus un problème si vous disposez d'un « smartphone ».

Que l'on soit en déplacement professionnel ou en voyage d'agrément, à quelques kilomètres de ses bases ou à l'autre bout de la planète, les « smartphones » constituent désormais de précieux assistants. En quelques secondes, ces iPhone, BlackBerry, Palm et autres téléphones fonctionnant sous Windows Mobile se transforment en guides touristiques, en plans de métro ou de bus, ou en annuaires de restaurants. Il suffit de télécharger une des très nombreuses applications existantes sur le marché. Le GPS qui équipe tous ces modèles calcule votre position, puis affiche sur une carte les stations de métro ou les musées les plus proches.

Grâce à leur boussole intégrée, les modèles les plus sophistiqués savent même dans quelle direction vous regardez. Si vous allumez la caméra vidéo de votre portable, vous pourrez voir, en surimpression sur les images des immeubles ou des paysages qui vous entourent, les POI (« points of interest[1] ») les plus proches : par exemple, une flèche vous montrera précisément où se cache le théâtre que vous cherchez depuis cinq minutes dans un dédale de rues. C'est ce que l'on appelle la réalité augmentée.

Les détenteurs d'appareils moins sophistiqués n'ont pas été oubliés. Plusieurs municipalités, dont Sarlat, en France, et Venise, en Italie (lire ci-dessous) ont installé devant leurs principaux monuments des « tags », codes-barres en deux dimensions. Lorsque les touristes photographient ces étiquettes au moyen de leurs téléphones portables, ceux-ci se connectent automatiquement à Internet et affichent des informations historiques et culturelles.

Taxis et musées

La gamme des services touristiques disponibles sur les téléphones portables est déjà très large. Elle va de la recherche d'un taxi à la visite complète d'une ville, en passant par la présentation d'un musée. Betomorrow, une société d'informatique bordelaise qui travaille surtout pour de grands groupes, s'est fait connaître du grand public en proposant un service original : la recherche des toilettes les plus proches. Son application, disponible pour iPhone et Android, répertorie 60.000 lieux d'aisances publics à travers le monde. Elle a été téléchargée plus de 250.000 fois depuis son lancement.

Les responsables d'Iheads, une autre petite entreprise spécialisée dans les nouvelles technologies, mais installée à Schönow, au nord-est de Berlin, se sont, eux, associés à Falk Contente & Internet Solutions, une filiale du groupe allemand MairDumont, un des leaders européens des guides de voyages. Résultat : les guides Marco Polo sur iPhone pour 30 villes européennes sont disponibles en cinq langues (allemand, anglais, espagnol, français et italien), au coût unitaire de 3,99 euros.

L'État en soutien

Pour ne pas se laisser distancer, Lonely Planet, un des principaux concurrents de MairDumont, a fait appel aux compétences d'une petite entreprise autrichienne, Mobilizy, célèbre pour son application Wikitude, qui permet d'afficher les informations de Wikipedia sur un téléphone mobile, grâce à une interface de réalité augmentée (la fiche Wikipedia d'un monument apparaît sur l'écran de votre mobile lorsque vous le filmez).

Pour soutenir ce marché naissant, l'État français va d'ailleurs distribuer 10 millions d'euros à 68 projets sélectionnés lors de l'appel à projets ProximaMobile, lancé dans le cadre du plan de relance. Parmi les lauréats, trois applications touristiques : Application SK, un service d'assistance aux skieurs, Œnotourisme Bourgogne, qui rassemble des informations sur la Bourgogne, et VisitVar Mobile, un portail destiné au tourisme dans le Var.

D'après *Les Échos*, 10 décembre 2009.

---

1. Points d'intérêt.

1 Ce document a pour but de :
☐ faire de la publicité pour des marques de mobiles.
☐ nous expliquer l'impact des nouvelles technologies dans notre vie quotidienne.
☐ nous informer de l'évolution du « smartphone » et de ses multiples applications, notamment dans le domaine touristique.

2 Citez :
a le nom de l'appareil indispensable :
b trois fonctions possibles de cet appareil :

c un moyen de trouver des informations sur un monument touristique :

3 Cochez les bonnes réponses.
a Les responsables d'Iheads se sont associés à ceux de :
☐ Falk Contente&Internet Solutions. ☐ Wikitude. ☐ Marco Polo.
b Lonely Planet travaille avec :
☐ Mair Dumont. ☐ Mobilizy. ☐ ProximaMobile.
c l'État français va distribuer 10 millions d'euros :
☐ pour développer le tourisme en France.
☐ pour relancer l'économie.
☐ pour aider 68 projets ProximaMobile sélectionnés.

4 Expliquez ces expressions à l'aide de mots du texte.
a tags :
b POI :
c lieux d'aisances publics :
d application SK :

5 Cochez les services mentionnés dans le texte :
☐ plan de métro
☐ horaires de trains
☐ localisation d'un musée
☐ position d'un cinéma
☐ évènements du jour
☐ recherche d'un taxi
☐ visite complète d'une ville
☐ recherche de toilettes
☐ informations historiques sur une église
☐ assistance aux skieurs
☐ dégustation de vin
☐ circuits de cyclotourisme

6 Qui aurait pu dire la phrase suivante ? le directeur de Betomorrow ou celui de Mobilizy ?
« Nous sommes en plus un réseau social : les utilisateurs peuvent ajouter les coordonnées des WC publics qu'ils dénichent. Et, dans la prochaine version de notre programme, ils pourront évaluer la propreté des lieux. »
→

7 Imaginez que vous êtes perdu(e) dans une ville inconnue. Aidez-vous de l'article pour établir la liste des services disponibles sur votre téléphone portable.

Écrit 2

Un magazine vous demande quels ont été les changements technologiques les plus importants des cinq dernières années. Quels sont ceux qui ont été positifs ou ceux qui ont été négatifs ? Vous écrivez un article sur ce sujet (180 mots).

Oral

En vous référant au document de l'écrit 1, dites ce que vous pensez de l'impact que pourrait avoir le « smartphone » sur la vie quotidienne. Présentez votre point de vue sous forme d'exposé.

CORRIGÉS DU CAHIER D'EXERCICES

UNITÉ 1

Et moi, et moi, et moi... p. 4

1
1 Non, nous n'avons pas mis longtemps / beaucoup de temps.
2 Non, je ne trouve pas cela difficile.
3 Non, nous ne connaissons personne / pas beaucoup de gens.
4 Non, nous ne sortons jamais. / Non, nous ne sortons plus. / Non, nous ne sortons pas beaucoup.
5 Non, personne ne vient faire notre ménage.
6 Non, je ne la regrette pas.
7 Je ne la regrette pas non plus.

2
1 Je ne peux pas / plus me passer de ce genre d'émission.
2 Il n'y a rien d'intéressant dans cette émission ?
3 Rien n'est truqué et les organisateurs n'ont rien préparé à l'avance.
4 On ne paie pas / plus de taxe de télé pour regarder ça.
5 Je n'aime personne.
6 Le concept de télé-réalité, ce n'est pas très intéressant. Je ne regarde jamais.

3
1 Je n'ai pas compris...
2 Tu n'as jamais regardé...
3 Nous n'avons jamais croisé...
4 Ils n'ont plus parlé...
5 ... on n'a rien trouvé...
6 Elle n'a pas souvent pu participer...
7 Vous n'avez jamais répondu...
8 Il a affirmé...

4 car – Comme – Puisque – Grâce au – parce qu' – à cause des – car

5
- **Cause évidente** : 1, 6.
- **Cause avec un résultat positif** : 3, 5.
- **Cause avec un résultat négatif** : 2, 4.

6
1 Il ne peut plus rester dans ce studio parce que c'est trop cher.
2 Je reste ici à cause de mes difficultés financières.
3 Elle pense à la colocation car elle est célibataire.
4 Puisque les appartements sont trop chers ici, on va chercher en banlieue.
5 Comme le propriétaire veut vendre, il doit aller habiter ailleurs.
6 Je vais pouvoir déménager grâce à mes économies.

7 *Réponses possibles :*
1 Comme son studio était trop petit, il a loué un grand appartement avec ses collègues.
2 Il a choisi la colocation à cause du montant trop élevé des loyers à Paris.
3 Il a voulu vivre avec ses amis parce qu'il aime beaucoup parler de lui et de ses problèmes.

8 1 En choisissant – 2 En vivant – 3 En participant – 4 En établissant / En choisissant – 5 En partageant – 6 En faisant – 7 En signant

9 *Réponse possible :*
Seule avec mes deux enfants, j'aurais besoin d'une personne pour m'aider toutes les semaines :
quelqu'un qui ferait mon ménage et mon repassage, qui irait chercher mes enfants à l'école tous les soirs, qui ferait les courses.
Je cherche aussi une personne qui pourrait m'aider à effectuer certains travaux dans ma maison le week-end et à réparer mon ordinateur.
Si vous êtes intéressé(e) par l'une de ces offres je vous serais reconnaissante de me contacter par e-mail. Nous pourrions ensuite discuter de la rémunération et des conditions de travail. Je souhaiterais embaucher quelqu'un ayant de l'expérience et des références écrites d'autres employeurs.

10
1 Dites-moi où vous habitez, je pourrais venir vous installer votre antenne, un jour où je serai près de chez vous.
2 Je suis habitué à faire des aménagements. Quand est-ce que vous voudriez / souhaiteriez commencer ?... Nous pourrions nous rencontrer et discuter des conditions.
3 Je possède une camionnette et je pourrais vous aider, mais je ne suis pas une société de déménagements.
4 J'ai été réparateur de lave-vaisselle et je suis maintenant retraité, je serais prêt à vous aider
5 J'ai été dame de compagnie pendant 10 ans, je pourrais donc m'occuper de votre mère. Est-ce que je serai nourrie et logée ? J'ai une fille de 6 ans. Est-ce qu'elle pourrait vivre là aussi ?
6 Je termine mes études au Conservatoire et je donne des cours de piano depuis 4 ans déjà. Je pourrais commencer tout de suite.
7 Je serais prête à vous aider, j'ai dix ans d'expérience et des références de mes anciens employeurs.

11
1 ... nous aimerions trouver un professeur de portugais.
2 ... je souhaiterais faire un stage dans un cabinet d'architecture.
3 ... je pourrais prendre des passagers régulièrement.
4 ... il pourrait prendre des chiens à domicile et les promener.
5 ... vous pourriez lui confier vos enfants.
6 ... nous aimerions vous inviter.
7 ... il souhaiterait louer une camionnette.
8 ... vous pourriez nous prêter la vôtre pour l'après-midi ?
9 ... vous auriez besoin de quelque chose ?
10 ... vous pourriez m'en donner trois ?

129

CORRIGÉS du cahier d'exercices

12
1	C	E	L	I	B	A	T	A	I	R	E
2	C	O	P	A	I	N					
3	S'	E	N	T	E	N	D	R	E		
4	C	O	H	A	B	I	T	E	R		
5	E	M	P	L	O	I					
6	R	E	U	S	S	I	R				
7	P	R	O	V	I	N	C	E			

13 Turbo-Dating – l'âme sœur – tête à tête – célibataires – lieu public – la soirée – rencontres – participants – discuter – personnes

14 **1** d, l – **2** b, l – **3** j – **4** h – **5** o – **6** a – **7** m – **8** e, g, k – **9** f – **10** c, n

15 1 a 1994.
b Les jeunes citadins.
c L'histoire de six amis dans une grande ville des États-Unis.
2 Un millier de fans se sont réunis dans les studios Universal de Los Angeles pour voir le dernier épisode de la série – selon NBC, il s'agit de la plus grande soirée publique en l'honneur d'une série aux États-Unis (paragraphe 1) – de Hawaï à New York, des milliers de bars et de restaurants ont retransmis le dernier épisode – il y avait de 30 à 40 millions de téléspectateurs ce soir-là – les acteurs de la série occupent les couvertures de magazines depuis la fin du tournage de la série (paragraphe 3).
3 Raisons : a, c, e.
4 Ces deux expressions font référence à la chaîne de fast-food américaine McDonald's, devenue le symbole de la restauration rapide : en regardant la série *Friends*, de nombreuses personnes s'identifient aux personnages et ont ainsi la sensation de vivre, sur une durée très courte, des expériences qu'ils n'ont plus le temps de vivre eux-mêmes dans la réalité.

16 *Les productions écrites se feront sur une feuille séparée.*
Réponse possible :
Bonjour,
Fan depuis toujours de la série « Friends », je viens de découvrir avec bonheur qu'il existait un fan club français auquel j'aimerais bien évidemment adhérer. Pourriez-vous, par conséquent, m'indiquer quelle est la démarche à suivre pour devenir membre du club et s'il y a des rencontres régulières organisées entre fans ? Je souhaiterais également savoir si une soirée spéciale est prévue, en France, pour le dernier épisode de la série. Enfin, pouvez-vous me dire s'il sera bientôt possible de se procurer l'intégralité des DVD, en version originale sous-titrée ?
D'avance, merci pour tous ces renseignements.
Cordialement.
Noah

17 *Production libre.*

18 *Production libre.*

UNITÉ 2

D'ici ou d'ailleurs p. 14

1 était – trouvais – augmentait – fallait – ai rencontré – a aidé – a proposé – était – ai accepté – manquait – est arrivée

2 était – tombait – J'étais – faisait – s'est ouverte – est entré – portait – ressemblait – ai tout oublié – a annoncé – venait – n'était – proposait – pouvaient – C'était – J'ai levé

3 **1** b – **2** a – **3** b

4 a) raconte : présent – a proposé : passé composé – étais : imparfait – parlais : imparfait – avais : imparfait – ai accepté : passé composé – ai trouvé : passé composé – ai pu : passé composé – suis parti : passé composé – ai : présent – a prêté : passé composé – ai trouvé : passé composé – était : imparfait – avais : imparfait – datait : imparfait – aimais : imparfait – changeait : imparfait – connaissais : imparfait – organisait : imparfait – ai découvert : passé composé – existait : imparfait – ai décidé : passé composé – se déroulaient : imparfait – était : imparfait – me sentais : imparfait – ai commencé : passé composé – ai ressentie : passé composé – ai pu : passé composé – étaient : imparfait – était : imparfait – était : imparfait – m'y suis habitué : passé composé – ai rencontré : passé composé – vois : présent – ai : présent – peux : présent – hésitent : présent – dépend : présent – comprends : présent – préfèrent : présent – connaissent : présent

b) Verbes exprimant un fait / un événement : m'a proposé – ai accepté – ai trouvé – ai pu – suis parti – a prêté – ai trouvé – ai découvert – ai décidé – ai commencé – ai ressentie – ai pu – ai rencontré

Verbes exprimant un contexte / une situation / des circonstances : étais – parlais – avais – était – avais – datait – aimais – changeait – connaissais – organisait – existait – se déroulaient – était – me sentais – étaient – était – était

5 1 c – **2** b – **3** a – **4** f – **5** d – **6** e
1 Il y a maintenant 25 ans qu'ils résident en France, mais durant toutes ces années, ils ont toujours espéré repartir dans leur pays.
2 Ça fait maintenant 2 ans que Libertad a rempli un dossier pour être naturalisée française, car elle vit à Nantes depuis dix ans et elle veut rester en France.
3 Stanislas a vécu en Irlande entre 1996 et 2002, mais il a dû repartir en Pologne car sa mère était malade. Ça fait sept ans qu'il est rentré, il ne veut plus quitter son pays.
4 J'ai habité Paris pendant 17 ans, puis j'ai perdu mon emploi. J'ai quitté la capitale et j'ai trouvé un travail à Saumur en deux jours. J'ai eu de la chance.
5 Mouloud est parti du Maroc il y a 20 ans et maintenant il veut retourner pour deux ou trois mois dans son pays natal pour revoir toute sa famille et ses amis d'enfance.
6 Depuis qu'elle est venue apprendre le français à Paris, il y a dix ans, Lynn n'est jamais repartie car elle adore la France.

6 1 pendant/durant – **2** Depuis – **3** il y a – **4** Ça fait... que – **5** pour. – **6** Depuis – **7** Ça fait... que – **8** depuis – **9** Il y a

7 1 La Belgique fait partie de l'Union européenne depuis sa création car c'est un membre fondateur.
Ça fait/ Il y a maintenant plus de trente ans que la Belgique est entrée dans l'Europe.
2 La république tchèque fait partie de L'Union européenne depuis 2004
Ça fait/ Il y a 5 ans/ presque 6 ans que la république tchèque est entrée dans l'Europe.
3 La Bulgarie fait partie de L'Union européenne depuis 2007.
Ça fait /Il y a 2 ans/ presque 3 ans que la Bulgarie est entrée dans l'Europe.
4 Chypre fait partie de L'Union européenne depuis 2004.
Ça fait/ Il y a 5 ans/ presque 6 ans que Chypre est entrée dans l'Europe.
5 La Suède fait partie de L'Union européenne depuis 1995.
Ça fait/ Il y a 14 ans/ presque 15 ans que la Suède est entrée dans l'Europe.

8 *Réponses possibles :*
1 Pour résumer, nous y sommes enfin parvenus, même si nous avions eu de gros problèmes au départ.
2 En fin de compte, on l'a surnommé « monsieur Catastrophe » parce qu'il avait toujours eu des problèmes incroyables.

CORRIGÉS du cahier d'exercices

3 À l'époque, il vivait avec une Espagnole qu'il avait rencontrée à l'université.
4 Ils ont attendu longtemps pour avoir un logement décent car ils s'étaient inscrits trop tard.
5 Ils parlaient assez bien français quand on s'est connus : ils avaient travaillé un an à Paris.

9 ai décidé – ont contactée – souhaitaient – étais – suis allée – ont emménagé – voulais – ont dit – était – étions – sont partis – ont laissé – ont refusé – avions fixée – ai appris – avaient prévu – avaient réservé – me suis sentie – avais – avais pas fait ✓

10 j'ai répondu – j'ai envoyé – j'ai rempli – a sélectionné – a décidé – j'étais – j'ai reçu – j'étais – j'ai dû – suis allée – je suis entrée – attendaient – j'ai eu – étaient – m'a dit – n'ai pas compris – disait – a porté – j'essayais/ j'ai essayé – était – m'a répondu – j'ai dû – j'avais travaillé – n'en avaient pas souffert – j'avais donné – j'avais perdu – c'était – ne m'a écoutée

11 1 H – 2 B – 3 C – 4 F – 5 A – 6 E – 7 G – 8 D – 9 I ✓

12 mission – accueillir – réclamation – droits – dossier – réclamation – résolution – démarches – victimes – discrimination – origine – saisir

13 1 Débarqués
2 avait l'air d'
3 fréquenter
4 d'aspect
5 acquérir

14 Définitions exactes : 2, 3, 6

15 1 a 1 Il existe soit le simple séjour linguistique (de quelques semaines) soit l'année d'études.
2 Ces formations s'adressent aux étudiants, aux collégiens, aux lycéens mais également aux adultes.
3 Il est important de s'organiser assez longtemps à l'avance et de se renseigner sur la reconnaissance des diplômes.
b Cette phrase signifie que, chaque année, de nombreux étudiants choisissent de suivre leurs études à l'étranger, dans la langue du pays où ils résident (et non pas en français).
2 a 1 Paragraphe 3.
2 Paragraphe 5.
3 Paragraphe 1.
4 Paragraphe 4.
5 Paragraphe 2.
b 1 Les élèves sont répartis en fonction de leur niveau, après avoir passé un test de langue.
2 Les établissements délivrent un certificat de stage, à la fin du séjour linguistique.
c Renforcer un curriculum vitæ, se remettre à niveau ou approfondir une langue, préparer les tests nécessaires pour entreprendre des études à l'étranger.
d Le nombre d'heures de cours, le nombre d'élèves par classe, les méthodes d'enseignement utilisées et les suppléments individuels.

16 *Réponse possible :*
Nancy, le 28 mai 20...
Monsieur,
Après avoir longuement comparé les cours proposés dans différentes écoles de langue de la région, j'ai finalement décidé, il y a quatre semaines de cela, de m'inscrire dans votre établissement, persuadé que les prestations que vous offriez étaient de qualité. Malheureusement, je me suis rapidement aperçu que le descriptif que j'avais eu dans la publicité ne correspondait pas du tout à la réalité. J'ai d'abord constaté que le nombre d'étudiants par classe était très supérieur à ce que vous indiquez dans la brochure : au lieu de cinq à huit personnes, nous étions quinze dans la même classe.
Par ailleurs, il a fallu que j'achète un livre et que je paye chacune des excursions auxquelles j'ai participé, alors qu'on m'avait affirmé, au téléphone, que tout cela était compris dans le prix du stage.
Enfin, contrairement à ce que vous annonciez, l'institut n'est pas à deux pas du centre ville mais à trente minutes à pied ; ce qui m'a obligé à prendre une carte de bus d'un montant de 30 €.
Un tel écart entre ce que vous annoncez et la réalité est absolument intolérable. C'est pourquoi je vous demande aujourd'hui non seulement le remboursement de l'intégralité de mon stage mais également celui des frais annexes (livre, excursions, carte de bus) qu'il m'a fallu payer.
Dans cette attente, recevez, monsieur, mes salutations distinguées.
Édouard Baer

17 *Réponse possible :*
Madame, Monsieur,
Je suis malvoyant et j'habite dans un appartement situé dans un immeuble récemment modernisé.
Jusqu'à présent, je n'avais aucun problème d'accès car je devais composer un code manuel pour rentrer dans l'immeuble. Maintenant, tout a changé. Pour pouvoir entrer, les locataires doivent choisir leurs noms sur une liste qui défile sur un cadran. Je dois donc toujours demander de l'aide. De plus, j'ai constaté que ces derniers temps je n'étais plus au courant des informations de l'immeuble car tout se fait par affiche.
Je m'estime être victime de discrimination. Pourriez-vous m'aider à affirmer mes droits et à déposer un dossier de réclamation pour aboutir à la résolution de mes difficultés ? Éventuellement, je souhaiterais saisir la HALDE. Pourriez-vous m'indiquer quelles sont les démarches à suivre?
Merci pour votre aide.
Cordialement.

18 *Réponse possible :*
En 1987, onze pays ont participé au lancement du programme. Il donne la possibilité aux étudiants d'effectuer une partie de leurs études dans un autre établissement scolaire européen, pendant un minimum de trois mois ou un maximum d'un an. L'année suivante, le système européen de transfert de crédits a été mis en place. Il permet ainsi à l'université d'origine de reconnaître les études faites à l'étranger. Jusqu'en 2002, les échanges ont lentement progressé. Mais, en 2002, le film *L'Auberge espagnole* est sorti et, grâce à sa description humoristique de la vie de sept colocataires européens à Barcelone, il a convaincu certains étudiants de tenter l'expérience *Erasmus*. L'année suivante, le nombre de participants au programme a augmenté de 9 %. Une extension du programme, *Erasmus mundus*, est née en octobre 2004. *Erasmus* a ensuite fêté son vingtième anniversaire : il a permis à 1,5 millions d'étudiants de participer à des échanges universitaires depuis sa création. En 2009, 30 pays de L'Espace économique européen sont maintenant impliqués : les 27 membres de l'Union européenne ainsi que l'Islande, le Liechtenstein, la Norvège, la Suisse et la Turquie.

UNITÉ 3

En avant la musique ! p. 24

1 La comparaison d'une quantité : 1, 5, 8
La comparaison d'une qualité : 2, 10
L'évolution : 4, 6
Le classement : 3, 7, 9

CORRIGÉS du cahier d'exercices

2 Comme – de plus en plus – le plus – autant… que
plus de – aussi – moins
les plus – autant

3 plus originale – le plus doué – plus cool – moins anglophone – plus courte/ moins longue – aussi urgent/ plus urgent – de moins en moins compréhensifs – la plus grande – plus tolérants – aussi souvent – de moins en moins

4 *Réponses possibles :*
– Francis Cabrel est né dans une famille beaucoup plus modeste où l'art avait nettement moins de place que dans la famille de Marie Modiano.
– Marie a eu une formation vraiment plus académique que Francis, mais elle n'a pas mieux réussi que lui car il était aussi doué qu'elle.
– À l'adolescence, Francis était certainement beaucoup plus timide que Marie.
– Francis a reçu une formation aussi riche que variée : travail dans un magasin de chaussures, bals locaux…
– Marie s'est sentie de plus en plus attirée par les arts du spectacle.

5 1 Oui, je veux bien y aller.
2 Oui, je leur ai demandé.
3 Oui, je les ai écoutées.
4 Non, je ne m'en souviens plus.
5 Non, je ne m'y intéresse pas du tout.

6 1 Oui prends-moi un billet.
2 Oui, demande-lui de m'accompagner.
3 Oui, joins-toi à nous.
4 Oui, vas-y.
5 Oui, annonce-leur la bonne nouvelle.
6 Oui, donne-lui l'adresse du site de réservation.
7 Oui, téléphone-leur.
8 Non, ne les encourage pas à venir.

7 – Coralie quand avez-vous commencé à pratiquer le violon ?
– Et bien, j'ai commencé à le pratiquer à 6 ans, car je viens d'une famille de musiciens. Je l'ai arrêté à l'adolescence.
– Vos parents vous ont beaucoup soutenue ?
– Oui je leur dois une grande partie de mon succès, mais je suis spécialement reconnaissante à mon frère.
– Oui, il a écrit certaines chansons de Henri Salvador et il vous a demandé de les chanter. C'est ça ?
– Tout à fait ! et ensuite il en a écrit treize pour moi seule et je les ai chantées dans mon premier album. À cette époque, j'étais étudiante en histoire à la fac et j'adorais cette discipline.
– Vous vous y intéressez toujours.
– Oui, mais la passion pour la musique lui a fait prendre la deuxième place. Mais j'y tiens encore beaucoup !

8 1 cool – formidable – 2 plutôt – 3 hélas – 4 franchement – 5 assez – 6 Super – probablement – 7 vraiment intéressant

9 2 a, d, e, h, i – 3 c, g, h – 4 a, e, I – 5 c, h, j – 6 a, d, e, h, I – 7 c, h, I – 8 b, c, e, h – 9 c, f – 10 c, i

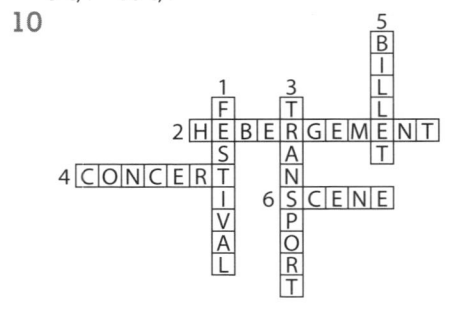

10
```
          5
          B
    1   3 I
    F   T L
  2 H E B E R G E M E N T
    S   A         T
    T   N
  4 C O N C E R T
    I   S     6 S C E N E
    V   P
    A   O
    L   R
        T
```

11 1 option – 2 épreuve – 3 bachelier – 4 rattrapage

12 1 a **Chanteurs « classiques »** : Édith Piaf, Mireille Mathieu, Charles Aznavour
Musique électronique : les Daft Punk, Justice, Laurent Wolf, David Guetta, Joakim Air, Birdy Nam Nam, Bob Sinclair
« Métal » : Gojira, Inspector Cluzo, Treponem Pal, Pleymo, Empyr, One Way Mirror, Eths Demians
Rockers : Manu Chao, The Shoes, Nelson, Neïmo, Zombie Zombie
Chanteuses : Camille, Coralie Clément, Olivia Ruiz, Carla Bruni, Anggun, Rose, Emily Loizeau, Yelle, Marie Modiano
Autres : Francis Cabrel, Mylène Farmer, Alizée, Vanessa Paradis, Christophe Maé, Jane Birkin, Sébastien Tellier
b l'Allemagne, le Japon, l'Amérique, le Royaume-Uni, les États-Unis, l'Amérique latine
c « C'est l'Allemagne qui apprécie le plus la chanson française, depuis longtemps. »
« Le Japon progresse très fort actuellement. Les Japonais adorent Tahiti 80, un groupe de pop peu connu chez nous. »
« Quant aux Américains, ils sont devenus, c'est nouveau, le second territoire d'exportation pour des musiciens français, là encore, peu célèbres dans leur propre pays. »
« Même le Royaume-Uni, marché réputé difficile, commence à s'ouvrir. L'« électro » française y est adoubée. […] des artistes inclassables comme Camille ou Sébastien Tellier, et même les rockers, comme Manu Chao, The Shoes, Nelson, Neïmo ou Zombie Zombie, y sont respectés. »
« Alizée, imbattable en Amérique latine… »
d **en 1993** : 4 millions d'albums
en 2000 : 40 millions d'albums
en 2008 : on ne sait pas – 28 millions d'unités ont été vendues, regroupant ainsi singles, albums, vente sur Internet, et la téléphonie mobile.

2 a « Depuis Édith Piaf, Mireille Mathieu, Charles Aznavour, on sait que les chanteurs français séduisent les auditeurs étrangers. Mais cette tendance s'accentue et concerne aussi les jeunes musiciens d'aujourd'hui. »
« Les musiciens français n'ont plus de complexes à avoir par rapport aux Anglo-Saxons. »
« C'est la musique électronique qui a ouvert la voie aux jeunes artistes français. »
« Pour le reste, dans la foulée de l'extraordinaire épopée du groupe Gojira se presse toute une génération de représentants français du "métal". »
« Il n'y a d'ailleurs jamais eu autant de femmes ambassadrices de la chanson française. […] Toutes font des parcours remarquables à l'étranger. »
« Plus de 50 % des ventes ont lieu en Europe. »
« Cette internationalisation est due non seulement au talent des artistes, mais aussi à une habile stratégie des maisons de disques. »
b 1 ce vocable
2 doper
3 indétrônables
4 prometteurs
5 a cartonné
6 la première dame de France
7 imbattable
8 ne se démodent pas
9 inclassable
10 stratégie
c 1 Le succès éternel du groupe ne nuit pas à la réussite des jeunes artistes récemment arrivés sur scène.
2 L'histoire mouvementée et légendaire du groupe Gojira.
3 Olivia Ruiz a tenté de comprendre parfaitement son pays d'origine et d'en transmettre les problèmes et la culture dans ses chansons.
4 Le Royaume-Uni, souvent considéré comme précurseur dans le domaine musical, reconnaît et respecte l'« électro » française, comme le ferait un parrain envers son filleul.
* Au Moyen Âge, l'adoubement était une cérémonie durant laquelle un jeune noble était fait chevalier.

CORRIGÉS du cahier d'exercices

13 *Réponse possible :*
Bonjour,
Nous sommes trois jeunes de 16 ans et habitons à Vannes. En 2007, nous avons créé un groupe de folk que nous avons appelé *les Vogues*. Nous avons commencé à jouer lors de fêtes de notre collège, puis, ensuite dans des fêtes locales en Bretagne. Quelques articles élogieux sur nous ont même été écrits dans *Ouest-France*. Nous pouvons vous les faire parvenir si vous le souhaitez.
Nous sommes allés plusieurs fois au Festival des Jeunes Charrues et souhaiterions poser notre candidature pour l'édition de 2010. Pourriez-vous donc nous renseigner sur les démarches à accomplir ? Quelle est la date limite d'inscription ? Quels documents faut-il fournir ? Comment la sélection se fait-elle ? Y a-t-il des aides financières possibles ?
Merci de répondre à toutes ces questions.
Cordialement
Les Vogues.

14 *Production libre.*

UNITÉ 4
Espace vert p. 34

1 a) **1** b – **2** a/c/d – **3** a – **4** c/d
b) **1** *où* remplace « ville »,
il est complément de lieu.
2 *qui* remplace « restaurant »,
il est sujet.
que remplace « restaurant »,
il est complément d'objet direct.
dont remplace « restaurant », c'est un complément introduit par *de*.
3 *qui* remplace « immeuble »,
il est sujet.
4 *que* remplace « film »,
il est complément d'objet direct.
dont remplace « film », c'est un complément introduit par *de*.

2 a) Exemple : Dakar (photo 3)
1 C'est une ville **qui** se trouve en Amérique du Nord et **dont** la population est francophone ; C'est une ville **où** le taux de chômage est très bas et **que** les Français visitent fréquemment et **où** ils cherchent parfois un emploi.
→ Québec (photo 2)
2 C'est une ville **qui** a été fondée en 1062 et **qui** compte environ 825 000 d'habitants. C'est une ville **que** les touristes fréquentent beaucoup et **où** ils aiment se promener, spécialement dans son marché, célèbre dans le monde entier. C'est une ville **dont** la position géographique permet aux randonneurs de l'utiliser comme centre pour leurs excursions dans l'Atlas ou le désert.
→ Marrakech (photo 1)
b) *Réponse libre.*

3 qui – dont – que – dont – où – qui – où – où – que – qui – qui

4 **1** organisés : **2** – français : 3
2 agréable : 5
3 cultivé : **2** – actifs : 1
4 jeunes : **7** – innovantes : 1
5 dernière : **1** – rouges : **4** – blanches : 4
6 petits : **7** – taillés : **2** – appréciés : 2
7 anglais : **3** – apparent : 1

5 **1** Ils habitent dans un grand immeuble gris sans âme au nord de Paris.
2 Dans ces bâtiments vétustes, à l'écart de la ville, vivent des familles défavorisées.
3 On ne peut rien conserver, dans cette vieille cave humide.
4 Aujourd'hui, on y voit des escaliers condamnés et des boîtes aux lettres arrachées.
5 Réaménager l'ancien terrain vague, c'est une bonne idée.
6 Démolir, c'est bien, si les acteurs sociaux ont en tête un autre projet urbain.
7 Dix petites secondes ont suffi pour pulvériser la dernière barre de la Courneuve.

6 riche – varié – guidées – floral – guidées – verts – nouvelles – écologique – partagés – fermés – horticole – religieuses – ouverts – exceptionnel

7 Suite à notre conversation téléphonique, j'ai le plaisir de vous proposer un grand appartement dans un quartier tranquille. Il est composé de trois chambres spacieuses, d'un salon lumineux, d'une cuisine moderne et d'un bureau ensoleillé. Ce logement est situé au dernier étage d'un immeuble récent. C'est un endroit agréable à vivre ; il y a aussi une terrasse ombragée plein sud où vous pourrez exercer vos talents de jardinier. Voici donc l'endroit idéal pour oublier la banlieue grise où vous résidez aujourd'hui.

8 *Réponses possibles :*
1 La nuit dernière, une violente tempête a dévasté la ville. Quelques grands arbres, arrachés, gisent sur le sol. Le spectacle est consternant. On trouve beaucoup d'objets cassés, les grands lampadaires abîmés et des voitures renversées.
2 Depuis la dernière tempête, les espaces verts se développent : c'est une idée originale pour ce beau parc où vous pourrez désormais passer des moments agréables.
Un long sentier aménagé a été créé pour profiter de la nature loin de la circulation bruyante.

9 **Participes passés** : passé – débuté – arrêtée – lu – prise – expliqué – vue – entendue – fermé – retrouvée – allumé – remarquée – attaché – rédigée – endormie – vu – collée – donné – arrivée – pu – conseillé – choisie
Participes passés employés avec *être* : s'est arrêtée – s'est retrouvée – s'est endormie – est arrivée
Participes passés employés avec *avoir* qui ne s'accordent pas avec le sujet : a passé – a débuté – a lu – a expliqué – ont fermé – a allumé – a attaché – a vu – a donné – a pu – a conseillé
Participes passés employés avec *avoir* qui s'accordent avec le complément quand celui-ci est placé avant le verbe : l'a prise – l'a vue / entendue – l'a remarquée – a rédigée – avait collée – a choisie

10 Grâce à une affiche que j'ai vu**e** dans le métro, hier je suis allé**e** à Paris Plages avec deux copains. Nous nous sommes bien amus**és**. La liste des activités que nous avons essay**ées** est longue. Je me suis baign**ée**, et j'ai fait de l'aqua-gym. Marc et Aline ont joué à la pétanque, puis Marc a essayé des appareils de musculation et Aline a peint une jolie aquarelle, mais, malheureusement, elle l'a oubli**ée** dans le métro au retour. Nous sommes ensuite allés à un concert de jazz tous les trois et nous avons dansé pendant plusieurs heures. Le soir, on a dîné au bord de la Seine !

11 La deuxième édition de *L'Été du canal de l'Ourcq* <u>s'est déroulée</u> en Seine-Saint-Denis et <u>a permis</u> aux touristes et aux Franciliens de pratiquer différents sports nautiques. Ils <u>sont partis</u> en croisière, <u>ont assisté</u> à des projections de films, <u>ont participé</u> à des visites culturelles et à des concerts. Chaque dimanche après-midi, des « bals barges » leur <u>ont offert</u> la possibilité de retrouver la tradition des guinguettes au bord de l'eau. On les <u>a rencontrés</u> à Noisy, Bobigny, la Villette, Pantin. Les nouveautés qui <u>se sont offertes</u> aux Franciliens <u>ont été</u> nombreuses cette année. Parmi elles, on <u>a trouvé</u> les parcours de cinéma le long du canal où un comédien <u>a joué</u> le guide sur les

CORRIGÉS du cahier d'exercices

nombreux lieux de tournage autour du canal de l'Ourcq.

12 1c – 2h – 3e – 4b – 5a – 6d – 7f – 8g

13 1 accès – 2 horaires – 3 sortie – 4 clôture – 5 formules – 6 accueil

14 1 boire – 2 se baigner / faire du sport – 3 discuter / boire – 4 dormir / se reposer / bronzer – 5 lire – 6 faire de la peinture – 7 danser / draguer – 8 écouter de la musique – 9 faire du sport

15 1 Nom : on ne sait pas.
Prénom : on ne sait pas.
Âge : 36 ans.
Profession : on ne sait pas.
Adresse : rue de la République.
Code postal : on ne sait pas.
Ville : Lyon.
Pays : France.
Sexe : M.
Lieu de naissance : Lyon.
Lieu d'habitation : ville.
Type de logement : appartement.

2 a 1 La rue de la République était déserte. Lyon s'était vidé en un jour et une nuit. Personne. J'aurais pu me croire seul au monde – Nulle présence humaine [...]. Nulle non plus place de la République toute proche.
2 la chaleur effroyable, cette chaleur malsaine, meurtrière [...] qui battait tous les records cet été-là [...], une chaleur à mourir, soixante-dix degrés à l'ombre au bas mot. En plein soleil, impossible de savoir, personne n'aurait eu le courage d'aller déposer un thermomètre en plein soleil, ni à coup sûr d'en revenir.
3 Le ciel éblouissait où qu'on le regardât.
4 Je fis un pas sur le balcon. On ne pouvait d'ailleurs guère en faire plus. Avait-on même le droit de parler de balcon ? Une petite avancée de rien, un semblant de balcon. [...] cette petite surface de ciment.
5 les barreaux du balcon – Que Dieu nous délivre du soleil ! *répété deux fois*
6 À gauche, un peu de terre, venue on ne sait d'où. Sur cette terre avaient fini par pousser trois brins d'herbe pour l'heure roussis. Rien de commun avec les vastes étendues naturelles qui existent, telles que plaines et plateaux.

b 1 le ruissellement
2 suscitait
3 effroyable
4 malsaine
5 meurtrière
6 accablait
7 éblouissait

c Le narrateur donne l'impression que la chaleur est telle que tous les Lyonnais, à part lui, ont préféré fuir la ville. Il semble seul au monde, prisonnier de son appartement, de la chaleur et du béton.

16 *Production libre.*

17 *Production libre.*

18 *Production libre.*

UNITÉ 5

Changer de vie p. 44

1 Certains – aucune – divers – Chaque – Différents – mêmes – Plusieurs – Quelques – Tous
Indétermination de l'identité : certains
Idée de quantité : aucune – divers – chaque – plusieurs – quelques – tous
Idée de similitude ou de différence : différents – mêmes

2 *Réponses possibles :*
Quelques quinquagénaires ont changé de métier.
Tous les quinquagénaires font du sport régulièrement.
Plusieurs quinquagénaires... / Presque tous les quinquagénaires sont propriétaires de leur logement.
Aucun quinquagénaire ne se sentait mieux à trente ans.

3 1 n'importe quelle
2 Certaines / n'importe quel
3 Certains / n'importe quel
4 Certains seniors

4 chaque jour – tous – quelques/ certains – aucun – quelques / divers – Certains – n'importe quel – plusieurs – plusieurs/divers – mêmes

5 1 Je voyagerais
2 Je paierais – j'inviterais – je passerais
3 j'effectuerais – j'irais – je m'achèterais
4 Je ferais – j'arrêterais – je resterais
5 Je créerais – Ce serait – j'en garderais
6 Je donnerais – je partirais – j'en aurais envie – je m'offrirais – j'aiderais – je m'investirais

6 *Réponses possibles :*
1 Si je recevais une lettre de menaces, j'aurais peur.
2 Si un inconnu m'invitait au restaurant, je refuserais poliment.
3 Si je recevais plusieurs caisses de bouteilles de vin par la poste, je les mettrais à la cave.
4 Si quelqu'un que je connais peu me demandait 200 euros, j'ignorerais sa demande.

7 Si l'association « Vivre ensemble à Courçay » n'existait pas, on ne pourrait pas faire de pique-nique au bord de la rivière, on serait obligés d'aller chercher le pain à 8 kilomètres car le jeune boulanger ne serait pas là. Si l'association ne fonctionnait pas, on ne pourrait pas se retrouver autour de jeux de société, et il n'y aurait pas assez de classes pour les enfants du primaire. J'allais oublier : les jeunes du village n'organiseraient pas de collecte pour envoyer des médicaments en Afrique, et les anciens resteraient seuls chez eux sans ne jamais voir personne. Et, si tu ne revenais pas l'été prochain, tu serais déçu quand tu apprendrais que tu n'as pas profité de la guinguette, ni fait du canoë, les deux nouveaux projets de l'association !

8 *Réponses possibles :*
1 Je chercherais un emploi qui me permettrait de travailler à la maison. Je vivrais d'une manière beaucoup plus saine. Je ferais beaucoup plus de sport et je me mettrais à la voile.
2 Je retaperais une vieille maison avec des matériaux écologiques et j'accueillerais des enfants des villes qui ne partent jamais en vacances. Je partirais en randonnées chaque week-end.

9 **Regret :** 1, 3, 4 – **Reproche :** 2, 5, 6

10 1 Si j'étais rentrée en France, j'aurais trouvé du travail.
2 Si mes amis m'avaient invitée, je serais partie avec eux en vacances.
3 Si tu avais bu trop de vin, tu aurais eu mal à la tête.
4 Si nous avions eu un financement, nous aurions ouvert notre propre entreprise.

11 1 Si j'avais été mieux informé, j'aurais adhéré à cette association pour la défense du patrimoine.
2 Il aurait fallu s'organiser mieux au départ.
3 Tu aurais dû lui interdire de sortir seule le soir !
4 Il aurait voulu être sculpteur.
5 Vous auriez pu transformer votre maison en gîte au lieu de la vendre.
6 Si elles avaient pu, elles seraient allées vivre en Irlande.

Regret : 2, 4
Reproche : 3, 5
Hypothèse non réalisée : 1, 6

CORRIGÉS du cahier d'exercices

12 1 c, f – **2** b – **3** c, f – **4** a, e – **5** a, d – **6** a, e

13 *Réponses possibles :*
1 Je n'aurais jamais dû faire ça ! Si j'avais su, je l'aurais transformée en gîte.
2 Je n'aurais jamais dû me faire opérer. Si j'avais connu les conséquences de cette opération, je ne l'aurais pas entreprise.
3 J'aurais dû continuer à travailler pour garder mon indépendance financière. Si j'avais compris mon erreur plus tôt, je n'aurais pas interrompu ma carrière !

14 1 a – 2 a – 3 a – 4 a – 5 b – 6 b – 7 a – 8 b – 9 a – b

15 1 C'est ta mère, je croyais que c'était ta sœur, elle ne fait pas son âge et elle paraît plus jeune.
2 Pour rester jeunes plus longtemps, il suffit d'avoir de bonnes habitudes de vie. On peut ainsi être en pleine forme pendant de longues années.
3 Certaines personnes préfèrent cependant avoir recours à la chirurgie esthétique pour effacer les marques visibles du temps.
4 Après son divorce, elle a réussi à recommencer sa vie.
5 Elle a deux enfants et son compagnon en a 3, ils ont ainsi une famille recomposée.
6 Depuis cinquante ans, l'allongement de l'espérance de vie est considérable. Cela explique l'attitude nouvelle des quinquagénaires qui vivent d'une toute autre manière, c'est la quinquattitude.

16

```
           1
           Q
  2 R A J E U N I R
           A
           D
           R
           A
           G
           E
  3 P A T R I M O I N E
           A
    4 P L A I R E
           R
  5 T A B A G I S M E
```

17 1 a Affirmations exactes : 2, 3, 4, 5, 6, 7
  b 1 a – 2 e – 3 c – 4 d – 5 b
2 a 1 prochain lieu de vie
    2 sexagénaires actifs
    3 cible
    4 têtes grises
    5 ne dérogent pas à la règle
    6 faire de l'œil

7 adeptes
8 résidences secondaires
9 affluent
10 alléger
11 favoriser
12 ahurissant
13 dispendieux

b 1 prendre la route – bouger – ces nouveaux oiseaux migrateurs – sont partis à la découverte du monde – émigrés – s'acheminer
2 la vie reste assez dure – cette pension n'est pas très conséquente – la grisaille du nord de la France – le coût de la vie est moins dispendieux
3 a lignes 27 à 31
  b lignes 13 à 15

18 *Production libre.*

19 *Réponse possible :*
Bonjour,
Un ami m'a recommandé votre association avec laquelle il est parti à deux reprises. Il est revenu de chacune de ces aventures totalement transformé.
J'ai 20 ans, je suis actuellement étudiant en histoire et je souhaiterais effectuer un stage de journalisme à l'étranger avec *Projects Abroad*, de préférence au Sénégal.
L'aventure humanitaire m'a toujours attiré et je rêve de devenir journaliste, bien que n'ayant aucune expérience dans ce domaine. Je souhaiterais découvrir le fonctionnement de la presse écrite, la radio ou la télé. De plus, je suis très attiré par la culture sénégalaise et sa diversité. Je veux également vivre quelque temps loin de mon environnement habituel. .
Je suis dynamique, motivé et ouvert et je pense avoir les qualités nécessaires pour réaliser un tel projet. Je serai disponible entre 4 et 6 mois à partir de mai 2010. J'ai mon permis de conduire.
Si ma candidature vous intéresse, je reste à votre disposition pour un éventuel entretien.
Cordialement
Guillaume Marchal

UNITÉ 6
Entre la poire et le fromage p. 54

1 À souligner : Il faudrait – Faites – Vous devez – Il est vital que – Il faut absolument – Il vaut mieux – Il est important – Il est préférable
Recommandation : Il faudrait – il vaut mieux – Il est important – Il est préférable
Obligation : Faites – Vous devez – Il est vital que – il faut

2 – Pour éviter de pleurer en épluchant ou en coupant des oignons, il vaut mieux/ vous devez/ il faut les mettre deux heures au réfrigérateur. Épluchez-les sous l'eau courante.
– Lorsque la mayonnaise ne prend pas, vous devez/ il faut mettre un jaune d'œuf dans un autre bol et incorporer doucement la mayonnaise ratée.
– Pour cuisiner avec une cocotte-minute, il est indispensable/ important de ne pas la remplir.
– Pour dessaler les anchois, prévoyez/ il est indispensable/important de les faire tremper dans du lait durant 3 heures avant leur préparation.
– Pour redonner du tonus à une laitue ou une salade fanée, faites-la tremper dans de l'eau chaude pendant un bon quart d'heure, rincez-la à l'eau froide et utilisez-la rapidement.

3 a) 1 Vous <u>devez</u> faire / <u>Faites</u> un stage dans un grand restaurant et <u>observer</u> / <u>observez</u> ce qui s'y passe.
  2 Vous <u>devez</u> analyser / <u>Analysez</u> vos réactions, vos observations.
  3 Vous <u>devez</u> essayer /<u>Essayez</u> de vous mettre dans la peau d'un de vos collègues.
  4 Vous <u>devez</u> établir /<u>Établissez</u> des comparaisons entre votre poste actuel et celui que vous souhaitez avoir pour pouvoir décider en toute objectivité.
  5, 6, 7, 8 *Réponses libres.*
  b) 1 <u>Il faut / faudrait/ vaut mieux que</u> vous ne démissionniez pas de votre poste actuel avant d'être certain de votre choix.
  <u>Il est impératif</u> de ne pas démissionner de votre poste actuel avant d'être certain de votre choix.
  2 <u>Il faut / faudrait/ vaut mieux que</u> vous pensiez à votre vie personnelle qui pourrait souffrir de vos nouveaux horaires.
  <u>Il est important</u> de penser à votre vie personnelle qui pourrait souffrir de vos nouveaux horaires.
  3 <u>Il faut / faudrait/ vaut mieux que</u> vous discutiez avec vos proches.
  <u>Il est impératif</u> de discuter avec vos proches.
  4, 5, 6 *Réponses libres.*

4 1 L'autocuiseur : l'autocuiseur en inox – SEB – la siffleuse – celle qui – la Cocotte-Minute – je – cette machine à soupape.
2 La cocotte : la cocotte en fonte – Le Creuset – la mijoteuse – celle

135

CORRIGÉS du cahier d'exercices

qui – la – elle – la cocotte – Elle – Elle – lui – elle – son – sa – une telle cocotte – la mienne – Louise – l'.
3 Les deux objets : les deux engins.

5 boisson alcoolisée – vin d'épine – épinette – troussepinette – apéritif

6 **1** On le met parfois dans le café pour l'adoucir. Sa couleur est souvent blanche et sa forme rectangulaire. Je le préfère brun ou roux.
2 C'est un fruit délicieux. On la croque en automne ou en hiver. On peut la manger crue ou cuite en compote. Il en existe de nombreuses variétés.

7 **1** la mienne – **2** un endroit que – **3** l'autre – **4** en – **5** le même qui

8 un liquide – lui – elle – ses – ses – ce produit

9 que – l' – Il – le – Le – le vin des malades – lui

10 **a) À souligner** : Au contraire – Bref – en effet – De plus – Donc – en définitive – D'ailleurs – Finalement – Alors – En résumé
Ajouter un argument : de plus
Exposer une conséquence : alors – donc
Apporter une preuve : en effet – d'ailleurs
Exprimer une idée opposée : au contraire
Conclure : Finalement – en définitive
Résumer une idée en quelques mots : bref – en résumé
b) *Réponse libre.*

11 **1** d/e – **2** c – **3** f – **4** d/e – **5** a – **6** b

12 **1** d'ailleurs – **2** De plus – **3** bref – **4** donc – **5** Au contraire

13 **1** On mange trop en général, il faut alors réduire les quantités.
2 Le phénomène de l'obésité progresse chez les jeunes, au contraire chez les quinquagénaires il diminue.
3 Ici, on se retrouve souvent autour d'une table, bref on ne change pas vraiment.
4 Chez nous, on ne dîne pas avant 21 heures, en définitive c'est très mauvais pour la santé.

14 Préchauffez – Lavez – coupez – battez – versez – Ajoutez – Mettez

15 nourriture – comestibles – se régaler – sac à provisions – se conservent – mode d'emploi

16 a)

			5			6		
		4	D			C		
		C	E			C		
1	G	R	I	G	N	O	T	E	R
		O	U			N		7
		Q	S			S		S
		U	T			O		A
		E	E			M		V
		R	R	2	M	I	T	O	N	N	E	R
						E		R
3	A	V	A	L	E	R		E
								R

b) CUISINER

17 **1** Réponse b.
2 a 1 requiert – **2** pourvu que – **3** prophétise – **4** la floraison – **5** un effritement – **6** aux fainéants – **7** enfiler une toilette – **8** ses convives – **9** se prêtent (à) – **10** des bienséances – **11** histoire de ne pas les froisser – **12** la civilité
b 1c – 2a – 3b
3 a 1 la moitié – **2** la majorité – **3** la majorité – **4** la moitié – **5** la majorité – **6** la majorité – **7** moins d'un tiers – **8** la majorité – **9** la majorité
b Réponses 2, 4, 5, 6.

18 *Réponse possible :*
De : beatfischer@kikeldoo.de
À : chiara21@free-internet.it
Objet : Drôle de soirée !
Salut Chiara,
Il faut absolument que je te raconte ce qui m'est arrivé hier soir. Jamais tu n'arriveras à me croire !
J'étais invitée chez un couple d'amis français que j'ai rencontré à la salle de sport, il y a quelques mois. Comme ils avaient invité d'autres amis à eux, je m'attendais à ce qu'ils mettent les petits plats dans les grands. Alors, je me suis un peu habillée pour l'occasion. Et puis, bien sûr, je suis arrivée à l'heure en leur apportant des fleurs. C'est la moindre des politesses, non ? Eh bien, tu ne me croiras jamais quand je te dirai que, non seulement tous les autres invités sont arrivés avec au moins vingt minutes de retard mais que, en plus, tous sont arrivés les mains vides. Et je ne te parle même pas de la façon dont ils étaient habillés !
Mais, le pire, c'est qu'au moment où je pensais que nous allions passer à table, nous sommes en fait restés dans le salon, devant la télévision, qui était déjà allumée depuis un moment... Ils ont commandé des pizzas et nous avons passé la soirée devant une émission complètement idiote qui existe également en Allemagne ; tu sais, ce genre d'émissions avec des jeunes qui veulent devenir des stars. Complètement nul ! Moi qui pensais que la France était le pays de la gastronomie et du savoir-vivre, je devrais peut-être revoir mon jugement.
Enfin, bref. Appelle-moi quand tu arrives à Paris. Je t'inviterai à dîner ; rassure-toi, pas devant un plateau-télé !
Je t'embrasse.
Beat

19 *Production libre.*

20 *Production libre.*

UNITÉ 7

Métro, boulot, repos... p. 64

1 **1** Je pense que – **2** j'ai l'impression de – **3** selon moi – **4** je crois que – **5** D'après moi – **6** à mon avis – **7** J'ai l'impression que – **8** Je ne crois pas

2 **2** d – **3** c – **4** a – **5** f – **6** e

3 *Réponses libres.*

4 • Une obligation : 2, 5, 11
• Un souhait : 1, 6
• Un doute : 4
• Une crainte : 3, 7, 9, 10

5 **1** Il faut que vous vous fixiez des horaires stricts.
2 Il faut que vous ne vous laissiez pas distraire à la maison.
3 Il faut que vous demandiez à votre entourage de ne pas vous interrompre
4 Il faut que vous vous informiez ...
5 Il faut que vous définissiez un espace de travail.
6 Il faut que vous aimiez votre travail.
7 Il faut que vous ayez une grande volonté.
8 Il faut que vous établissiez ...

6 **1** f – **2** b – **3** d – **4** a – **5** g – **6** e – **7** c

7 **1** soit – **2** t'inquiètes – **3** faille – **4** aille – **5** reviennent / retourne – **6** fonctionne / prouves

8 **1** Il est obligatoire d'afficher le règlement intérieur.
2 Je vous recommande d'aménager un espace détente.
3 Il serait sûrement profitable de demander l'aide d'un conseiller en entreprise.
4 Je vous conseille d'offrir ...
5 Il serait vraiment bénéfique que vous organisiez ...

CORRIGÉS du cahier d'exercices

6 Il est indispensable qu'à Noël les salariés reçoivent tous un cadeau.
7 Il est souhaitable que vous laissiez ...

9 *Réponses possibles :*
1 Quand j'habitais à Paris, je passais une heure dans le métro avant de rentrer chez moi.
2 Il a fallu que je commence à déprimer avant que je prenne cette décision.
3 J'ai eu tout le temps de réfléchir pendant que j'étais en arrêt de travail.
4 On a décidé de déménager après en avoir beaucoup discuté.
5 J'ai acheté cette grande maison après que j'ai reçu une somme d'argent.
6 On a enfin le temps de respirer depuis que nous habitons à la campagne.
7 Il faudra venir nous voir dès que tu le pourras.

10 1 pendant que – 2 Depuis que/Dès que – 3 Depuis qu' – 4 après – 5 jusqu'à ce que – 6 Avant qu'/ Jusqu'à ce qu' – 7 Avant de

11 1 Après avoir quitté/Après qu'il a quitté son emploi, Paul est parti faire le tour du monde.
2 Après avoir manifesté/Depuis qu'ils ont manifesté, les chômeurs ont obtenu une prime pour Noël.
3 Après être souvent allées à l'ANPE/ Après qu'elles sont allées souvent à l'ANPE, elles ont trouvé un emploi.
4 Depuis qu'elle travaille moins, Pascale est moins stressée./Dès qu'elle a moins travaillé, Pascale a été moins stressée.
5 Après être partis en week-end, les gens se sentent mieux.

12 a) 1 d sommeillez – 2 c s'allonger – 3 b sentiez – 4 a avoir dormi – 5 e vous lever – 6 f vous êtes reposé(e)/vous reposez.
b) *Production libre.*

13 1 stress – 2 profession – 3 précaire – 4 virer – 5 salaire – 6 boîte – 7 collègue
Le mot caché : travail.

14 1 vacances – repos – 2 boulot – métier – 3 organisation – administration – 4 tension – anxiété – 5 rémunération – revenu – 6 boîte – société

15 Définitions exactes : 2 – 3 – 6

16 1 d – 2 f – 3 a – 4 b – 5 e – 6 g – 7 c

17 Objet : **candidature au poste de comptable**

Madame, Monsieur
Je **m'adresse** à vous après avoir lu l'**annonce** parue hier dans *Ouest-France* concernant un poste de comptable. Ce travail m'intéresserait beaucoup et je me **permets** donc de vous envoyer mon **CV**.
Je termine actuellement un **CDD** dans une entreprise de la région et je serai disponible à la fin du mois.
Dynamique et motivée, je suis prête à assumer avec efficacité les **responsabilités** décrites.
En espérant que ma proposition retiendra votre attention, je me tiens à votre disposition pour un **entretien**.
Dans l'attente de votre réponse, je vous prie, **Madame, Monsieur**, d'**agréer** l'expression de mes sentiments distingués.

18 1 a 2 un point de vue d'expert
b Affirmations exactes : 1, 2, 5, 7
c 3
2 a 1 dépasser – 2 homologue – 3 illimité – 4 outils – 5 une piste à creuser – 6 promouvoir – 7 collaborateur – 8 accélérer – 9 mentalités – 10 pragmatique – 11 évaluation
b 1 toucher/ marquer profondément les entreprises.
2 une pratique à la législation floue.
c 1 Les employeurs sont cependant réticents à le proposer, doutant qu'on puisse travailler aussi efficacement chez soi qu'en entreprise et craignant que, sans encadrement de proximité, les dérives soient nombreuses.
2 Le plus difficile est de faire évoluer les mentalités : chefs d'entreprise et managers doivent apprendre à faire confiance aux collaborateurs qui ne sont pas physiquement dans l'entreprise et les juger uniquement sur leurs résultats.
3 Les salariés, pour leur part, doivent admettre ce mode de jugement moins affectif et plus pragmatique... Ce qui suppose, bien sûr, l'acceptation d'objectifs individuels volontaristes, clairement définis, et un mode d'évaluation juste et transparent.

19 *Réponse possible :*
Objet : demande d'informations sur l'île de Porquerolles
Nantes, le 5 mai 20...
Monsieur,
Ma femme et moi-même avons décidé de passer nos prochaines vacances sur l'île de Porquerolles, en août prochain. C'est pourquoi je m'adresse à vous, aujourd'hui, afin d'obtenir divers renseignements. Ne connaissant pas les possibilités d'hébergement sur cette île, je vous serais reconnaissant de bien vouloir me communiquer des adresses d'hôtels ou de chambres d'hôtes ainsi que leurs caractéristiques. En outre, je souhaiterais connaître les horaires et le tarif des bateaux qui relient l'île au continent. Pourriez-vous enfin m'envoyer une carte détaillée sur laquelle figurent les sites à visiter sur l'île, ainsi que les plages les plus tranquilles, faciles d'accès, celles où on peut se baigner en toute sécurité ?
En vous remerciant d'avance pour votre aide, je vous prie d'agréer, monsieur, mes sincères salutations.
Adrien Reynard
11, rue des Victoires
44000 Nantes

20 *Production libre.*

UNITÉ 8

Question d'argent p. 74

1 a) 1 b – 2 d – 3 a – 4 c – 5 f – 6 e
b) 2 J'effectue tous mes achats en ligne sur un site fantastique.
3 Tu es tellement accro à cette série que tu peux la regarder sur *france2.fr*.
4 Je communique avec un nouveau copain sur *Facebook*, il est norvégien.
5 Il a fait allusion dans son dernier e-mail aux deux expositions que je viens de voir.
6 J'habite à côté du café Internet. Viens m'y rejoindre.

2 1 Le clavier d'ordinateur sur lequel je tape mes articles est anglais.
2 Le livre auquel il tient beaucoup a été commandé sur *amazon.fr*.
3 La personne en face de laquelle/qui tu es assis ne cesse de pianoter sur son téléphone portable.
4 L'appartement dans lequel je viens d'emménager est plus petit : ...
5 L'ordinateur avec lequel je me connecte est toujours en panne.
6 Les clients pour lesquels je travaille sont désagréables.
7 La carte de fidélité grâce à laquelle j'ai des réductions, m'a été offerte lors du premier achat.

3 a) 1 sur lequel – 2 auprès de qui – 3 grâce auquel – 4 sur laquelle – 5 avec lesquelles – 6 avec lesquels – 7 sans laquelle – 8 à cause desquels – 9 dans laquelle
b) *Production libre.*

CORRIGÉS du cahier d'exercices

4 1 Le pourboire est recommandé pour les employés de maison ?
2 Votre avis sur le budget n'est pas partagé par cette collègue.
3 Des actions boursières sont achetées en grande quantité.
4 Ce prêt a été obtenu avec beaucoup d'efforts.
5 L'addition a été partagée après discussion.
6 Une augmentation de salaire sera attribuée à tous les employés de cette entreprise.
7 Notre commande a été prise rapidement par le serveur.

5 2 ... les gratifications en argent <u>sont</u> plus <u>répandues</u> de nos jours, plus particulièrement dans les lieux touristiques. Une petite pièce <u>est attendue</u> en retour ...
3 Le service <u>est compris</u> dans les notes à hauteur de 10 % et aucun pourboire <u>n'est ajouté</u>.
4 ... Les frais de taxi ou de restaurants <u>sont rallongés</u> de quelques euros, et les porteurs et les guides <u>sont remerciés</u> par une ou deux pièces.
5 ... entre 15 et 20 % de l'addition doivent systématiquement <u>être ajoutés</u>. ... le service <u>est inclu</u> automatiquement au montant de l'addition ... La générosité <u>est préconisée</u> ...
6 Le pourboire y <u>est</u> mal <u>interprété</u> ...
7 Le pourboire <u>est suggéré</u>, surtout par les guides locaux. La tradition veut que chaque service <u>soit récompensé</u> ...
8 La *propina*, pourboire de 15 %, <u>est imposée</u> ...

6 1 Ce qui est le plus important, c'est de ne pas passer sa vie à courir après l'argent.
2 Ce que beaucoup de gens regardent avec intérêt, c'est l'émission *Qui veut gagner des millions* ?
3 Ce que de plus en plus de consommateurs achètent, ce sont des produits venant du commerce équitable.
4 Ce qui est assez mal perçu en France, c'est de demander à quelqu'un combien il gagne.
5 Ce qui s'est développé sur Internet ces dernières années, ce sont les sociétés de placement en bourse.

7 1 Ce qu'on constate depuis très longtemps, c'est l'interdiction des gratifications en argent dans les aéroports de Singapour.
2 Ce qu'on relève au Canada et aux États-Unis, c'est un ajout systématique de 12 à 15 % de service sur l'addition.
3 Ce qu'il faut aussi souligner, c'est le refus des Japonais de recevoir des pourboires qu'ils considèrent comme une aumône.
4 Ce qui se maintient, c'est la récompense sous forme de petits cadeaux à Madagascar.
5 Ce que nous aimons beaucoup, c'est l'élégance de l'expression « pour le thé » en Russie.
6 Ce qu'il ne faut pas oublier de mentionner, c'est l'obligation de « la propina » dans les cafés, restaurants mexicains, et pour tout service rendu au Mexique.

8 1 remboursement
2 fermeture
3 expéditions
4 consommation
5 lancement
6 emballage
7 essayage

9 a) 1 fréquentation
2 changement
3 achat
4 augmentation
5 coût
6 signature
b) 1 coût – 2 changement – 3 fréquentation – 4 augmentation – 5 signature – 6 achat

10 1 L'entreprise a été fermée par le conseil d'administration.
2 L'argent a été détourné par le conseiller fiscal du Crédit municipal.
3 Les services publics ont été privatisés pour cause de rentabilité.
4 Des décisions ont été prises en faveur des petits actionnaires.
5 Le ministre des Finances s'est dérobé face aux questions des journalistes.

11 1 Changement des habitudes de consommation des Français pendant l'été.
2 Révision à la baisse des prix des communications téléphoniques.
3 Ouverture de la Bourse à la hausse ce matin à Paris.
4 Livraison gratuite de vos achats à domicile par certains magasins.
5 Développement des rayons consacrés aux produits équitables chez Magiprix.
6 Comportement différent des hommes et des femmes vis-à-vis de l'argent.

12 1 aisé/riche
2 épargne/économie
3 défavorisé/pauvre
4 radin/avare
5 panier percé/dépensier
6 investissement/placement

13
1 PAYER
2 COLIS
3 SECURISE
4 ELECTROMENAGER
5 CYBERACHETEUR
6 SOLDES
7 BAISSE
8 REGLEMENT
9 VENTE

14 1 b – 2 g – 3 a – 4 e – 5 f – 6 d – 7 c

15 À cocher : 2, 5, 8, 10, 12

16 1 Oui : Luc, Marcus
Non : Catherine, Maud, Marc
On ne sait pas : Manon, Yann, Nico
2 a) 1 fringues – 2 traquer – 3 perle – 4 déplacer – 5 charges – 6 manutentionnaires – 7 cartouches – 8 contrefaçons – 9 onéreux – 10 escroc – 11 dénicher – 12 à domicile – 13 soulagés – 14 s'y tenir
b) 1 par exemple – 2 beaucoup – 3 personnellement – 4 quelque – 5 tout – 6 toute
c) 1 (Catherine) « uniquement ce que je n'arrive pas à trouver dans le coin »
(Luc) « J'achète tout (quasiment tout) sur Internet... produits frais... épicerie... fringues... Je traque la bonne affaire (électroménager, par ex.) »
2 (Luc) « Acheter en ligne revient de 10 à 40 % moins cher... Internet... c'est tous les choix et les tailles possibles... c'est l'idéal pour trouver la perle rare ! »
(Yann) « Il y a des gens qui ne peuvent se déplacer et qui sont ravis et soulagés de pouvoir être livrés à domicile. »
3 (Marc) « Pour le tabac, les risques sont énormes ; Il n'y avait pas que du tabac, mais un mélange bcp moins onéreux pour le vendeur et et bcp plus toxique pour l'acheteur ! »
(Manon) « la qualité de ce qui est livré par rapport à ce que je dénicherai moi-même dans les magasins »
(Nico) « les 40 kg en trop parce qu'on reste assis tte la journée... à faire ses courses... »
4 (Manon) « Et puis, il faut un « magasin en ligne » bien organisé ! Si je dois perdre une heure pour chercher qque chose sur Internet, autant aller sur place, ça me fera une promenade! »
(Yann) « Quant aux chaînes de fraîcheur, il faut se dire que si le e-commerçant ne s'y tient pas, il va vite perdre sa clientèle... »

CORRIGÉS du cahier d'exercices

5 (Yann) « Un pêcheur qui vend son poisson en ligne a entièrement raison ! Plutôt que de ne pas vendre, de jeter sa pêche, de ne pas gagner d'argent, il se sert des moyens actuels mis à sa disposition. »

d) 1 Nico « Ah! internet… imaginons l'avenir via Internet : on y achète tt !! tt ce qu'on veut, on le trouve !! comme ça au bout de 30-40 ans, on a tt eu chez soi sans se déplacer ; la machine à laver, le sèche-linge, la TV, les meubles, les robots ménagers »
2 Marc « Mais sur Internet, comment retrouver l'escroc empoisonneur ? Essayez de le poursuivre… aucune chance… »
3 Yann « Quant aux chaînes de fraîcheur, il faut se dire que si le e-commerçant ne s'y tient pas, il va vite perdre sa clientèle… »
4 Marcus « Les entreprises n'ont pas les lourdes charges d'un point de vente en employant des vendeurs, mais seulement d'un dépôt avec des manutentionnaires. Il y a des professionnels qui utilisent leur sous-sol, leur garage ou un hangar donc ils sont moins chers. »

17 Production libre.

18 Production libre.

19 Production libre.

UNITÉ 9
C'est déjà demain p. 84

1 passerons – n'existeront plus – ne voyagerons plus – verrons – n'iront plus – suivront – auront

2 1 prendra / va prendre
2 réglerons
3 devrez
4 appelleras / vas appeler
5 ne saurons plus

3 1 dans quelques minutes
2 dans un an
3 la semaine prochaine
4 dans quelques minutes
5 dans un an
6 dans quelques minutes

4 1 n'existera plus
2 deviendra / vivrons-nous / aura
3 ferons / verrons / ira / redécouvrira
4 pourrons / faudra / va en souffrir
5 vais lire / vais regarder
6 peut

5 1 comprendront / sera
2 va bientôt trouver / va vite s'apercevoir
3 serons / permettra / se sentira
4 vais justement participer / pourrai
5 va falloir
6 ressemblera – ne serai plus

6 1 Quand vous aurez vérifié la nouvelle installation de chauffage solaire, vous n'oublierez pas de me téléphoner.
2 Quand vous aurez noté soigneusement toutes vos observations, vous me les enverrez.
3 Quand vous aurez bien vérifié que l'isolation est adaptée, vous mettrez le chauffage en marche.
4 Quand vous aurez terminé la campagne sur le recyclage des déchets, vous me communiquerez le résultat.
5 Quand vous vous serez assuré qu'un maximum de déplacements s'effectuent en train, vous offrirez une demi-journée aux employés qui s'y tiennent.

7 1 retournerai / aura développé
Action 1 : développer –
Action 2 : retourner
2 aurez éteint / pourrez
Action 1 : éteindre – Action 2 : partir
3 achèterons / aura mis
Action 1 : mettre – Action 2 : acheter
4 aurons réussi / diminueront
Action 1 : réussir – Action 2 : diminuer
5 viendrons / aurez équipé
Action 1 : équiper – Action 2 : venir

8 Réponses possibles :
1 J'avais lu dans la presse que les thèmes traiteraient de sujets d'actualité, mais je n'ai rien trouvé sur les biotechnologies.
2 Ils avaient annoncé que le public pourrait être en contact avec des professionnels de l'environnement, mais je n'en ai rencontré aucun.
3 J'avais entendu dire que certaines universités essaieraient d'attirer le public vers les filières écologiques. Cependant, je n'ai pas eu de renseignements concrets sur les différents métiers dans ce domaine.
4 Par téléphone, on m'avait précisé que des manifestations auraient lieu toute la semaine ; cependant, aucune conférence ne nous a été proposée le mercredi.
5 Ils avaient même ajouté que tout serait gratuit alors qu'il y avait un atelier où il fallait payer 3 euros pour entrer.

9 en 2003 – le 5 juillet 1997 – L'année suivante – cette fois-ci – du début des années 1980 – à l'époque

10 En 1959, des scientifiques inventent la fécondation *in vitro*. Le 26/07/1978, à Manchester, en Grande-Bretagne, naît Louise Brown, le premier bébé né d'une fécondation *in vitro*. Il faut attendre quatre ans, en 1982, pour assister à la naissance d'Amandine, le premier bébé-éprouvette français. Dix ans plus tard, entre 1992 et 1995, des laboratoires italiens et français mettent au point des améliorations techniques. On estime aujourd'hui que 500 000 enfants sont nés grâce à ce procédé.

11 en juin 2005 – alors – Au bout de – Très rapidement – En décembre 2006 – à présent – Aujourd'hui

12 1 C – 2 A – 3 B – 4 E – 5 D

13 *Réponse possible :*
Marya Sklodowska est née en 1867, à Varsovie. Elle arrive à Paris à vingt-quatre ans pour faire ses études et, trois ans plus tard, en 1894, elle rencontre un physicien renommé de trente-cinq ans : Pierre Curie. Ils se marient l'année suivante et travaillent ensemble. En décembre 1903 le fruit de leur travail est récompensé puisque le couple reçoit le prix Nobel de physique. Malheureusement, en 1906, Pierre Curie meurt ; la même année, sa femme devient professeur à la Sorbonne. Cinq ans plus tard, elle reçoit le prix Nobel de chimie.

14

F	D	G	H	I	C	L	O	N	A	G	E	V	A	V	E
O	F	L	M	E	F	I	V	A	L	E	M	I	D	S	M
E	T	U	O	M	M	I	L	A	S	N	C	V	B	Y	B
T	A	J	B	I	O	L	O	G	I	E	K	U	P	N	R
U	Q	B	D	P	V	E	K	S	D	T	A	O	M	J	Y
S	R	E	P	R	O	D	U	C	T	I	O	N	P	T	O
B	N	B	E	T	P	S	A	F	L	Q	U	S	F	I	N
Q	S	E	G	S	W	E	P	R	O	U	V	E	T	T	E
V	N	R	I	E	C	S	O	Z	R	E	B	A	I	L	P

15 1 c – 2 d – 3 b – 4 f – 5 g – 6 e – 7 a

16 1 électroportatifs –
2 microordinateurs – 3 cyberespace –
5 cyberculture

17 1 *Réponse possible :* Ce journal s'intéresse à la génétique car les récentes expériences menées à ce sujet auront certainement des conséquences sur le monde sportif de demain.
2 a 1 Cette expression désigne le Dr Stock : au même titre que Maurice Greene en athlétisme, ce scientifique représente une sorte de « champion » dans sa discipline, la bioéthique.

CORRIGÉS du cahier d'exercices

2 Selon quelques scientifiques américains, il sera un jour possible de choisir le patrimoine génétique d'un futur bébé, en fonction des qualités que l'on souhaitera lui donner.
b Expressions temporelles : déjà – dans un avenir proche – bientôt – puis – du XXIe siècle – actuellement – très bientôt – le 13 novembre dernier – dans cinq à dix ans – à un horizon beaucoup plus lointain, disons très approximativement la fin du siècle – peut-être un jour – un jour – tous les jours – peut-être jamais – jamais.
Dans les prochaines années, on pourra identifier, grâce à la génétique, les enfants qui ont un potentiel important pour devenir de grands sportifs.
Dans un avenir bien plus éloigné, il sera possible de manipuler le patrimoine génétique d'un futur bébé en lui attribuant des qualités sportives particulières.
Un jour peut-être, il y aura deux types d'athlètes : les 100 % humains et les génétiquement modifiés.
3 a 1 reconnaître – **2** être persuadé / affirmer / promettre – **3** annoncer / prévenir
b Formel
c La question n'est plus de savoir si, mais quand cela va se passer.
4 Les bons conseils d'un entraîneur ou d'un père attentionné ainsi que l'environnement et la motivation (dernier paragraphe).

18 *Production libre.*

19 *Réponse possible :*
Simple comme un clic
Vous rêviez de tout gérer dans la maison grâce à un simple téléviseur et une télécommande ? C'est désormais possible grâce à la domotique. Si les récentes avancées technologiques ont des répercussions évidentes dans de nombreux domaines comme l'industrie, elles ont également des conséquences sur un autre domaine plus familier : la maison. Il devient notamment possible de contrôler des équipements depuis un téléviseur ou un téléphone portable : éclairage, climatisation, alarme, volets, etc. En cas de cambriolage, par exemple, certains systèmes vous envoient un message vers votre téléphone portable. Vous pouvez alors effectuer différentes actions à distance ; imaginez la réaction de cambrioleurs face à une chaîne hi-fi qui s'allume toute seule, des volets qui se ferment et des lumières qui s'éteignent ! Les commandes à distance rendent aussi bien d'autres services, et pas seulement dans le domaine de la sécurité. Elles permettent, entre autres, d'entretenir un jardin depuis son lieu de vacances, de chauffer la maison avant d'y arriver ou d'ouvrir la porte du garage sans sortir sous la pluie. Bien que de tels systèmes soient encore assez peu commercialisés, du fait de leur coût, les spécialistes de l'habitat prévoient que, d'ici moins de dix ans, la plupart des maisons en seront équipées.

UNITÉ 10

Et si on sortait ? p. 94

1 **1** Il a déclaré qu'il avait envie de découvrir tous les films de ce réalisateur, même ceux qu'il tournerait dans les prochaines années.
2 Il a constaté que le début était assez hésitant et que les acteurs jouaient maladroitement mais que le dernier quart d'heure l'avait totalement ébloui.
3 Il a trouvé que le rythme du film apportait un éclairage nouveau sur ce thème connu et que le film l'avait captivé.
4 Il a affirmé que c'était le meilleur film sorti depuis des années, qu'il montrait une grande sensibilité et était magistralement interprété.
5 Il ajouté que les spectateurs avaient été émus par le jeu de l'actrice principale.
6 Il a remarqué que la mise en scène soulignait la justesse et la complexité des sentiments.
7 Il a annoncé que c'était la dernière fois qu'il allait au cinéma, qu'il n'y retournerait jamais.

2 **1** Pourquoi la ville de Lyon a-t-elle été sélectionnée pour ce festival ?
2 Combien de réalisateurs se sont déplacés ?
3 Quel est votre film favori ?
4 Est-ce que le public a été satisfait du programme proposé ?
5 Qu'est-ce que le lauréat du prix Lumière va gagner exactement ?
6 Est-ce qu'on trouvera des critiques sur Internet ?
7 Quel DVD apporteriez-vous avec vous sur une île déserte?

3 Thierry Frémaux a répondu que c'était en effet l'un de leurs objectifs : que le Festival ne se contentait pas de montrer des films mais contribuait à la préservation et à la restauration du cinéma classique.
Il a expliqué que le plus important, c'était les œuvres et qu'ils voulaient des images et bandes-son restaurées pour des projections de qualité. Il a ajouté que le festival avait donc contribué financièrement à la restauration des films de Sergio Leone avec la Cineteca de Bologne. Il a précisé que des distributeurs avaient aussi profité de l'occasion pour montrer des films qui seraient bientôt dans les salles.
Il a déclaré qu'ils en profitaient aussi pour commencer par le début : les films Lumière, restaurés en numérique haute définition, avec le soutien de la famille Lumière et de l'État.
Il a déclaré que c'était une splendeur et qu'on y avait ajouté quelques surprises en avant-première mondiale !

4 **1** Ce tableau lui a fait une telle impression qu'il n'a pas fait attention aux autres œuvres.
2 On avait trouvé de la documentation sur Internet avant de venir, si bien qu'on était déjà bien préparés.
3 Il faisait tellement chaud que nous ne sommes pas allés jusqu'en haut.
4 Il y avait tellement de gens qui faisaient la queue qu'on a renoncé à l'excursion.
5 Il y a toujours beaucoup de visiteurs au Grand Palais, c'est pourquoi il vaut mieux réserver.
6 Mes parents m'obligeaient à aller voir des expos ennuyeuses, c'est pour ça qu'aujourd'hui, je ne mets plus les pieds dans les musées.
7 Le mardi je ne travaille pas mais les musées sont fermés, si bien que je ne peux jamais y aller.
8 Cette sculpture est tellement inabordable qu'ils ont renoncé à l'acheter.
9 Il y a un tel brouhaha dans ce musée qu'on ne peut pas écouter le conférencier.

5 **2** Le guide qui nous a fait visiter l'Alcazar ne parlait qu'espagnol, si bien qu'on n'a rien compris.
3 Il faisait un froid de canard dans cette cathédrale, si bien que j'ai attrapé un rhume.
4 On parle tellement de l'exposition sur Gauguin dans la presse que ça attire un nombre très important de visiteurs.
5 Nous avons trois jours de congé, la semaine prochaine. Alors on va en profiter pour visiter le musée Guggenheim, à Bilbao.

6 *Réponses possibles :*
1 Tous les musées étaient fermés, si bien que nous n'avons pu en visiter aucun.
2 J'avais oublié de prendre un ou deux livres, alors je me suis ennuyé tout le week-end.

CORRIGÉS du cahier d'exercices

3 Le seul château que j'aurais pu visiter n'avait pas un grand intérêt, donc nous n'y sommes pas allés.
4 J'ai mangé dans un restaurant de pêcheurs : le poisson n'était pas frais, c'est pour ça que j'ai été malade !
5 Il y avait un mariage dans l'hôtel, alors je n'ai pas pu dormir.
6 Ma chambre ne donnait pas sur la mer, mais sur les poubelles de la cour, c'est pour ça que je veux une réduction.

7 a donné lieu – un tel – que – ont provoqué – tellement – qu' – si – qu'

8 1 le but est de
2 L'objectif – c'est que – afin que
3 Afin de

9 1 Le 20 mars, il y aura une Soirée de la pub francophone pour mieux faire connaître cet art.
2 Afin qu'on puisse comparer les annonces, plusieurs pays francophones seront représentés.
3 Pour que/Afin que les spectateurs expriment leurs idées, un débat sera organisé après la projection.
4 On expliquera les éléments constitutifs d'une pub afin de/pour savoir l'analyser.
5 Pour/Afin de mener une réflexion sérieuse sur la pub, vous devez participer à cette soirée.

10 *Réponses possibles :*
1 Nous voulons que les musées soient gratuits pour les moins de douze ans pour inciter les plus jeunes à y aller.
2 Il est nécessaire que l'on organise des visites guidées de certains monuments de la ville afin que nous puissions/qu'on puisse sensibiliser les habitants à leur patrimoine.
3 Il est indispensable de créer une salle d'exposition pour qu'on puisse programmer des expositions régulières.
4 Pour nous, le but est de distribuer l'agenda culturel dans les boîtes aux lettres afin d'informer les habitants sur les possibilités qui s'offrent à eux.
5 Il est impératif de créer des ateliers de rénovation de monuments afin de faire prendre conscience du travail quotidien nécessaire au maintien de nos richesses.

11 *Réponses libres.*

12 1f, 2g, 3b, 4c, 5d, 6a, 7e

13 1 rencontrer d'autres artistes – 2 sont-ils fermés au public ? – 3 prendre des mesures – 4 avoir accès – 5 faire passer un message – 6 mettre les pieds

14 1 concert – 2 patrie – 3 impôt – 4 jardin – 5 travail – 6 visiteur

15 1 un auditeur/une auditrice.
2 un téléspectateur/une téléspectatrice.
3 un lecteur/une lectrice.
4 un visiteur/une visiteuse.
5 un spectateur/une spectatrice.
6 un spectateur/une spectatrice – un(e) cinéphile

16 a) horizontalement : écrivain – danseur – sculpteur – peintre – architecte
verticalement : musicien – réalisateur
b) 2 architecte – architecture
3 musicien – musique
4 danseur – danse
5 peintre – peinture
6 sculpteur – sculpture
7 réalisateur – cinéma

17 Définitions exactes : 1, 3, 5, 6

18 1 a Réponses correctes : 1, 3, 4, 5, 8, 9
b 1 renommés – 2 partenariat – 3 déplacements – 4 longs métrages – 5 7e art – 6 l'hexagone – 7 séduit – 8 à priori – 9 outre-Atlantique – 10 raflant – 11 lentement mais sûrement – 12 rayonner
2 a 1 188,82 millions de spectateurs
2 près de 80 millions de spectateurs étrangers
3 *Babylon A.D.* de Mathieu Kassovitz arrive en tête du box-office avec 10,13 millions d'entrées, *Astérix aux jeux Olympiques* de Thomas Langman et Frédéric Forestier avec 9,17 millions d'entrées, *Taken* de Pierre Morel avec 8,85 millions – *Caramel*, film franco-libanais de Nadine Labaki, sorti dans 21 pays, prend la 9e place et séduit 1,2 millions de spectateurs. – *Ne le dis à personne* de Guillaume Canet, sorti dans sept pays, a beaucoup marqué cet été Outre-Atlantique, raflant plus de 4,5M$.
Il y a longtemps que je t'aime de Philippe Claudel, sorti dans 12 pays, a séduit plus d'un million de spectateurs. *La graine et le mulet* d'Abdellatif Kechiche ou *Le fils de l'épicier* d'Éric Guirado, sortis respectivement dans 16 et 12 pays, totalisent 716 000 et 337 000 spectateurs
b 1 des productions à gros budget : *Babylon A.D.* de Mathieu Kassovitz, *Astérix aux jeux Olympiques* de Thomas Langman et Frédéric Forestier, et *Taken* de Pierre Morel.
2 des longs métrages plus confidentiels, à priori destiné à un public national : *Ne le dis à personne* de Guillaume Canet ; *Il y a longtemps que je t'aime* de Philippe Claudel ; *Le fils de l'épicier* d'Éric Guirado.
3 des longs métrages francophones : *Caramel*, film franco-libanais
c 1 En raison de la crise économique, Unifrance doit désormais trouver d'autres moyens pour conquérir les cinéphiles internationaux.
2 Le nouveau président d'Unifrance doit trouver des moyens pour défendre cette association en instaurant de nouvelles stratégies pour faire connaître le cinéma français dans le monde entier.

19 *Production libre.*

20 *Production libre.*

UNITÉ 11

Du coq à l'âme p. 104

1 1 souvent – malheureusement – certainement – toujours – plutôt – rarement
2 largement – assez – généralement – culturellement – plutôt
3 souvent – parfois – très

2 1 Non mais c'est incroyable ! Ils ne savent même pas conduire correctement.
2 Tu parles d'une gastronomie ! On a seulement mangé du riz et des frites.
3 J'ai trouvé que les gens étaient assez mal habillés, non ?
4 Quoi, une grande puissance ? On a surtout vu des gens pauvres, nous !
5 Tu as remarqué que les hommes portaient pratiquement tous la moustache.
6 Les souvenirs, on les achète plutôt maintenant ou à l'aéroport ?/Les souvenirs, on les achète maintenant ou plutôt à l'aéroport ?
7 Ils ont une mentalité vraiment différente de la nôtre.

3 1 d – 2 b – 3 a – 4 c

4 *Réponses possibles :*
1 Pas tout à fait. Beaucoup de Français parlent assez bien l'anglais ou l'espagnol.
2 La réputation de la cuisine française n'est plus à faire, même si on peut parfois être déçu.
3 Je crois que la qualité des vins est à peu près la même qu'il y a une dizaine d'années.

141

CORRIGÉS du cahier d'exercices

4 Non, en général, les Parisiens sont assez sympa avec les touristes.
5 Vous savez, il n'est pas toujours facile de trouver un emploi à notre époque.
6 La plupart conduisent prudemment, mais il y a des exceptions, comme partout.
7 Je me sentirais plutôt en sécurité sur les routes françaises.
8 Selon moi, les droits de l'homme sont peu/bien respectés en France.
9 Oui, les Français peuvent être plutôt fiers de leur histoire.

5 Plus des deux tiers – un quart – une minorité – plus des trois quarts – un dixième

6 1 « le Français va d'abord en France dans plus de 80 % des cas. »
La plupart des Français passent leurs vacances en France.
2 « 83 % d'entre eux préfèrent passer leurs congés dans leur pays »
La quasi-totalité des Français préfèrent passer leurs congés en France.
3 « le Français va d'abord en France dans plus de 80 % des cas. »
D'une façon générale, les Français vont en France.
4 « C'est la mer qui reste de loin la principale destination (64 %) »
Plus de la moitié des Français préfèrent aller à la mer.
5 « la découverte (37 %) est privilégiée »
Plus d'un tiers des Français privilégient la découverte.
6 «... contre 31 % des Danois qui sont les plus mobiles »
Moins d'un tiers des Danois passent leurs vacances dans leur propre pays.
7 « ... la qualité des infrastructures touristiques (74 %) »
Les deux tiers des Français attachent beaucoup d'importance aux infrastructures touristiques.
8 « à peine 17 % choisissent de partir hors frontières »
Moins d'un quart des Français choisissent de partir à l'étranger.
9 « à peine 17 % choisissent de partir hors frontières »
Une minorité choisit de partir à l'étranger.
10 « la découverte (37 %) est privilégiée »
Un Français sur trois privilégie la découverte.

7 1 Les trois quarts des Français partent en voyage d'agrément chaque année.
2 Dans quelques années, la quasi majorité des Français prendra des congés.
3 Un peu plus du tiers des vacanciers français est issu du troisième âge.
4 Les cadres et professions libérales représentent presque un quart des acheteurs de prestations touristiques.
5 D'une façon générale, les internautes partent plus que les autres.

8 1 je leur en ai parlé – 2 tu me la racontes – 3 tu m'en appelles un – 4 je t'en ai acheté un – 5 nous leur avons annoncé – 6 je te le montrerai

9 1 nous l' – 2 vous la – 3 l'en – 4 le leur – 5 me l' – 6 m'y – 7 leur en – 8 les lui – 9 le leur

10 1 clichés – stéréotypes
2 emblème – symbole
3 incarne – représente
4 état d'esprit – mentalité
5 bouleversement – mutation

11 synonymes : 1, 2, 4, 6
opposés : 3, 5

12 a) 1 Marseillaise – 2 drapeau – 3 Astérix – 4 Hexagone – 5 Marianne – 6 baguette – 7 Eiffel
b) Fromages

13 *Réponses libres.*

14 1 a un compte rendu de sondage
b 1 radin – 2 râleur – 3 tricolore – 4 n'a pas la cote – 5 consécutive – 6 pavoiser – 7 pingres – 8 soulèvent – 9 apporter une dernière touche – 10 maigre consolation – 11 palmarès – 12 du pays du Soleil Levant – 13 par ailleurs – 14 menée
2 a avares – râleurs – discrets – impolis
b Les Français sont râleurs [...] et impolis. Et [...] ils ne font aucun effort pour parler les langues étrangères. »
c 1 Toutes les raisons sont bonnes pour les Français d'aller se plaindre.
2 On pensait que les Français étaient courtois et bien cette image n'a plus lieu d'être, les Français ne connaissent plus que l'impolitesse.
3 Un seul problème, ils ne parlent que rarement la langue du pays qu'ils visitent.
d Ceux qui sont d'accord : Adeline – Vivien – Max – Bastien
Ceux qui ne sont pas d'accord : Nathalie (il y a pire de les Français) – Carole (les Français peuvent parfois être appréciés)

15 *Production libre.*

16 *Réponse possible :*
Messieurs,
Comme je souhaitais découvrir le Portugal, et plus particulièrement Lisbonne, lors de mes vacances d'été, je me suis acheté le guide que vous proposez sur ce pays. Si j'ai été particulièrement enthousiasmé par cette ville, je dois dire qu'il n'en va pas de même pour votre guide dans lequel j'ai relevé pas mal d'erreurs ou d'imprécisions. J'aimerais d'abord vous signaler que l'hôtel Fidalgo dont vous faites la description, page 65, n'existe plus depuis 1995. J'ai malheureusement pu le vérifier après l'avoir cherché pendant une bonne heure. Étant obligé d'aller dans un autre hôtel, je suis finalement descendu dans une pension que vous signalez dans la catégorie « Bon marché », la Pensão Gerês, page 62 : quelle n'a pas été ma surprise quand on m'a demandé de payer 60 a pour une chambre très propre, certes, mais extrêmement simple ! Une chambre à ce tarif-là devrait, selon moi, figurer dans la catégorie « assez chic ». Par ailleurs, j'ai constaté que la plupart des horaires de musées que vous indiquez sont erronés. À deux reprises, je me suis retrouvé devant des portes closes alors que, selon vos informations, elles auraient dû être ouvertes. Toutes ces erreurs me semblent difficilement excusables dans un guide qui a pour objectif de simplifier le voyage de ses lecteurs. Je vous serais par conséquent reconnaissant de bien vouloir revoir et corriger vos informations afin que d'autres voyageurs ne subissent pas les mêmes désagréments que moi. Recevez, messieurs, mes salutations distinguées.
Étienne Montserrat

17 *Production libre.*

UNITÉ 12

Mes envies, mes avis p. 114

1 a) 1 n'importe où / quelqu'un – 2 quelque part / ailleurs – 3 Rien ne / personne ne – 4 n'importe quoi / quelque chose – 5 Chacun / Tout / partout / nulle part – 6 Tout le monde / personne n' / n'importe qui – 7 aucune / D'autres
b) Sens positif : L'indétermination porte sur... : une personne ; Un seul élément : chacun, quelqu'un ; Un ensemble : tous, tout le monde, d'autres ; Sens négatif : personne... ne, aucun... – L'indétermination porte sur... : un objet ou une idée ; Un seul élément : quelque chose (d'autre), n'importe quoi ; Sens négatif : ne rien ne, aucune – L'indétermination porte sur... :

CORRIGÉS du cahier d'exercices

un lieu ; Un seul élément : quelque part, n'importe où, ailleurs ; Un ensemble : partout. ; Sens négatif : ne... nulle part

2 1 Tout explique cette nouvelle mode pour le delta-plane.
2 Tout le monde est autorisé à entrer dans cette réserve.
3 Ce sport se pratique partout maintenant.
4 Personne ne peut participer à ce voyage.
5 Personne n'a le droit de rêver.
6 Moi, je suis persuadée que rien n'existe sur Mars.
7 J'ai déjà visité plusieurs pays ; tous m'ont plu.

3 1 n'importe qui – 2 n'importe quoi – 3 n'importe où – 4 n'importe quoi – 5 n'importe qui – 6 n'importe où

4 1 pourtant – 2 Même si – 3 Au lieu de – 4 quand même – 5 Contrairement à toi – 6 tout de même – 7 mais

5 *Réponses possibles :*
1 Même s'il se dit pacifique, il ne l'est pas toujours ! Contrairement aux apparences, il n'est pas pacifique.
2 Il donne des bons conseils ; pourtant, il ne les suit pas. Il demande à ses patients d'arrêter de fumer, mais lui, en revanche, il continue !

6 1 c – 2 f – 3 a – 4 e – 5 b – 6 d

7 1 Dans ma famille, on joue au loto chaque vendredi 13 même si on n'est pas superstitieux.
2 Tu ferais mieux de réfléchir au lieu de croire tout ce qu'on te raconte.
3 Il se mobilise rarement pour des causes sociales, par contre il participe aux actions des « Enfants de Don Quichotte ».
4 Tu es persuadé qu'il va trouver du travail grâce à la maison de l'emploi contrairement à moi.
5 C'est une manifestation très populaire. Elle a cependant un côté très commercial et très controversé.

8 **Verbes à souligner** : ait été acceptée – soit reconnu – soit défini – ait pu – ait dû – ait existé – soit mise – n'aient pas réfléchi – n'ait pas passé – n'aient pas mis
Action accomplie dans le passé : ait été acceptée – soit reconnu – ait pu – ait dû – ait existé – n'aient pas réfléchi – n'ait pas passé – n'aient pas mis
Action accomplie dans l'avenir : soit défini – soit mise

9 1 aies aimé – sois allé – 2 ait gagné – 3 ayez manqué – 4 ayez vu – 5 ait attiré – 6 ayez reçu le feu vert – 7 ait été – 8 aient perdu – 9 aies pu

10 1 Je suis furieux que mon fils ait toujours téléchargé des films.
2 Je suis désolée que nous soyons arrivés en retard pour la manifestation.!
3 Je suis exaspérée qu'on ait autorisé la publicité sur *Spotify*.
4 Cela me consterne que le gouvernement ait voté une loi anti-jeunes !
5 Je suis ravie que l'industrie cinématographique ait enfin été défendue !
6 C'est inquiétant que les ventes de disques aient reculé de 23 % en 2007 et de 20 % en 2008 à cause du piratage Internet !

11 1 s'équiper correctement – avoir des vêtements adaptés – être en forme – avoir le goût du risque – ne pas avoir le vertige
2 aimer l'eau – nager avec les dauphins
3 s'équiper correctement – avoir des vêtements adaptés – escalader des édifices – être en forme – avoir le goût du risque – ne pas avoir le vertige – grimper
4 s'équiper correctement – traverser le Sahara – avoir des vêtements adaptés – réfléchir à son itinéraire – être en forme – préparer un périple – s'entraîner

12 a) grille de mots croisés : 1 SDF ; 2 SOUTIEN ; 3 RECRUTER ; vertical 4 DEVILLE ; 5 TOITURE ; 6 URN
b) SOCIÉTÉ

13 Mots : PARTICIPANT, GAGNANT, LOTERIE, FORTUNE, CONCOURS, CURIO, GAZE

14 1 liberté
2 réalisateur
3 interprétation
4 analphabète
5 rôle
6 SDF

15 1 Magnifique – bouleversant – excellent – émue – déroutée – racontée – vraie – réussi
2 déçue – encensé – bon – sûr – charmeur – incompétent – tenus – invraisemblable – ennuyeux

16 1 Il faut envisager l'après-Hadopi pour trouver des moyens de gérer le téléchargement. L'achat de musique en ligne ou le *streaming* ne sont pas encore des solutions adaptées. Comment les artistes ou les producteurs peuvent-ils bénéficier du téléchargement ?
2 1 volet – 2 controversée – 3 état des lieux – 4 secteur – 5 mutation – 6 désormais – 7 n'a ... de cesse de – 8 à la traîne – 9 majors – 10 réticentes – 11 pérennité – 12 viable – 13 touchera – 14 innovants – 15 créneau – 16 chiffre d'affaires
3 a Vrai : 3, 5, 8
   Faux : 1, 4, 6, 7
   On ne sait pas : 2
b 1 En échange de la loi Hadopi, les majors devaient proposer des achats de chansons en ligne à bons prix.
2 Le parti socialiste français propose de faire payer une taxe à chaque internaute pour financer les artistes qui perdent de l'argent à cause des téléchargements.
3 Maintenant, après la loi Hadopi, on comprend une chose : on doit revoir notre façon d'envisager la musique.
4 Malgré tout, Hadopi aura rendu une chose parfaitement sûre : les artistes, les producteurs de musique doivent changer leur façon de procéder pour s'adapter au monde d'Internet.

17 *Production libre.*

18 *Production libre.*

CORRIGÉS du cahier d'exercices

ÉVALUATIONS

Écrit 1 p. 124

1. « Souvent bluffantes d'inventivité, de justesse et d'efficacité. » – « dotées d'une écriture plus moderne » – « Les Américains, eux, ne cessaient d'innover ! Dotés d'une culture de l'image » – « ils ont appris à maîtriser parfaitement les codes de la série. » – « Les séries américaines contiennent tant de références, de connotations, que chacun s'y retrouve à un moment ou à un autre. »

2. **des années 70** : « notre télé était plus créative »
des années 80-90 : « Cette fantaisie s'est perdue dans les années 90 » – « les grandes chaînes ont créé – avec succès – des héros récurrents à la Navarro, qui ont imposé leurs règles » – « Le héros télé des années 80-90 (40 ans, blanc, raisonnable) venait expliquer aux foules qu'il fallait s'aimer et se respecter. »
des années 2000 à 2010 : « Pendant quinze ans, on s'est contenté de reproduire ce qui marchait. »

3. « Il y aurait pourtant bien des particularités françaises à exploiter. » – « l'important, c'est l'histoire. Comme en littérature, mieux vaut cent pages très intenses que trois cents où il ne se passe rien ! » – « Les séries sont le miroir de notre société, montrons-la telle qu'elle est, tout en restant divertissants » – « nourrir le dialogue, ouvrir la discussion » – « montrer simplement comment des gens très différents, avec leurs personnalités, leurs difficultés, leurs contradictions, essaient de vivre ensemble. Bien ou mal. »

4. **a** Vrai (« Le câble a permis à des choses audacieuses d'émerger »)
b Vrai (« les séries *made in France* semblent encore avoir du mal à trouver leur ton Plus belle la vie, diffusée sur France 3 depuis 2004, est le reflet de ce nouvel état d'esprit. »)
c Faux (« Pour certains, le public, "attaché aux locomotives bien franchouillardes", n'est pas prêt. »)
d Vrai (« Autrefois, la télévision brimait les scénaristes et les réalisateurs. Désormais, on leur laisse plus de liberté »)

5. *Réponses libres.*

6. « on s'est longtemps contenté de diffuser les plus politiquement correctes » – « Autrefois, la télévision brimait les scénaristes et les réalisateurs » – « Cessons de nous censurer, de préjuger de ce que le public veut voir, de ce qu'il faut lui dire, de ce qu'on peut ou pas lui montrer. »

7. L'histoire doit être prenante et les messages sociaux ne doivent pas nous empêcher d'apprécier l'intrigue.

Écrit 2 p. 125

Production libre.

Écrit 1 p. 126

1. but : nous informer de l'évolution du « smartphone » et de ses multiples applications, notamment dans le domaine touristique.

2. **a** smartphone
b trouver un itinéraire, un annuaire de restaurants, un programme culturel dans la ville où vous êtes, etc.
c photographier une étiquette avec son portable qui se connecte directement à Internet et affiche des informations historiques et culturelles

3. **a** Falk Contente & Internet Solutions
b Mobilizy
c pour aider 68 projets ProximaMobile sélectionnés

4. **a** codes-barres en deux dimensions
b images ou paysages qui vous entourent
c toilettes
d service d'assistance aux skieurs

5. plan de métro – localisation d'un musée – évènements du jour – recherche d'un taxi – visite complète d'une ville – recherche de toilettes – assistance aux skieurs

6. le directeur de Betomorrow

7. *Réponse libre.*

Écrit 2 p. 127

Production libre.

Oral p. 127

Production libre.